سکول - школа · 2

سفر - путешествие · 5

ٹرانسپورٹ - транспорт · 8

شہر - город · 10

منظر - ландшафт · 14

ریسٹورنٹ - ресторан · 17

سپر مارکیٹ - супермаркет · 20

مشروب - напитки · 22

کھانا - еда · 23

فارم - ферма · 27

گھر - дом · 31

لونگ روم - гостиная · 33

باورچہ خانہ - кухня · 35

باتھ روم - ванная комната · 38

بچوں نا کمرہ - детская комната · 42

کپڑے - одежда · 44

دفتر - офис · 49

معیشت - экономика · 51

پیشہ - профессии · 53

ٹولز - инструменты · 56

موسیقی نے آلات - музыкальные инструменты · 57

چڑیا گھار - зоопарк · 59

کھیڈنا - спорт · 62

کم - действия · 63

کنبہ - семья · 67

جسم - тело · 68

ہسپتال - больница · 72

ایمرجنسی - неотложный случай · 76

زمین - земля · 77

گھڑی - часы · 79

ہفتہ - неделя · 80

سال - год · 81

شکلاں - формы · 83

رنگ - цвета · 84

مخالف - противоположности · 85

اعداد - цифры · 88

بولی - языки · 90

کون/ کی / کیوں - кто / что / как · 91

کتھے - где · 92

Impressum

Verlag: BABADADA GmbH, Nedderfeld 112 , 22529 Hamburg

Geschäftsführer / Verlagsleitung: Harald Hof

Druck: Books on Demand GmbH, In de Tarpen 42, 22848 Norderstedt

Imprint

Publisher: BABADADA GmbH, Nedderfeld 112 , 22529 Hamburg, Germany

Managing Director / Publishing direction: Harald Hof

Print: Books on Demand GmbH, In de Tarpen 42, 22848 Norderstedt, Germany

سکول

школа

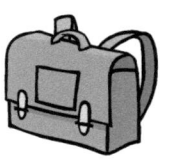

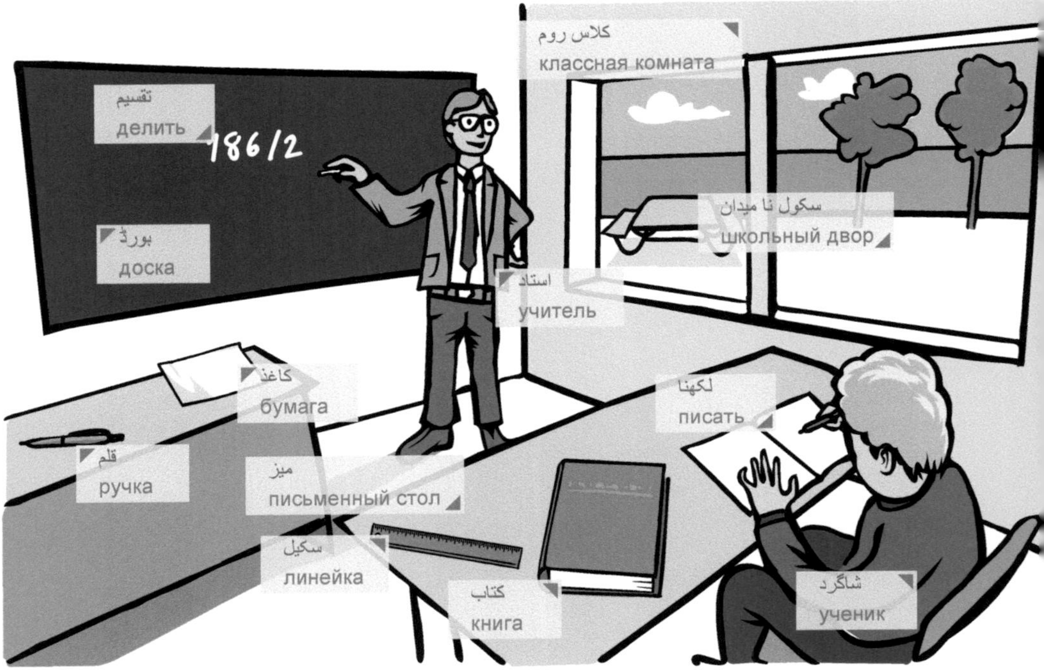

کلاس روم
классная комната
تقسیم
делить
186/2
بورڈ
доска
سکول نا میدان
школьный двор
استاد
учитель
کاغذ
бумага
لکھنا
писать
قلم
ручка
میز
письменный стол
سکیل
линейка
کتاب
книга
شاگرد
ученик

جزدان

ранец

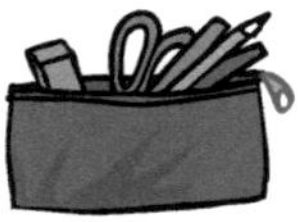

پینسل دا ڈبہ

пенал

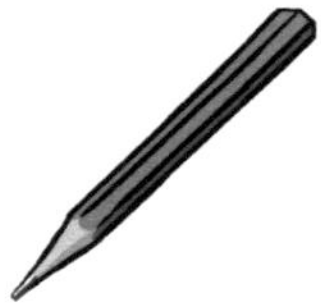

پینسل

карандаш

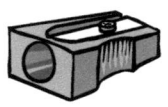

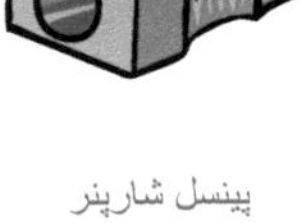

پینسل شارپنر

точилка

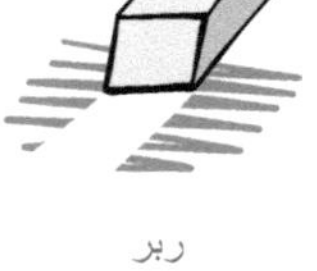

ربر

ластик

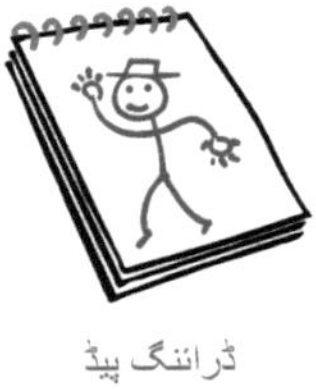

ڈرائنگ پیڈ

альбом для рисования

ڈراوَنگ

رِسُنوک

پینٹ برش

кисточка

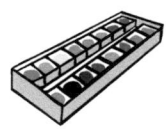

پینٹ باکس

коробка красок

قینچی

ножницы

گلو

клей

مشقی کتاب

тетрадь

گھر دا کم

домашняя работа

12

عدد

цифра

2+2

جمع

прибавлять

5−2

تفریق

вычитать

2×2

ضرب

умножать

کیلکولیٹ

считать

A

خطره

буква

ABCDEFG HIJKLMN OPQRSTU VWXYZ

حروف تَہجی

алфавит

hello

لفظ

слово

متن

текст

پڑھنا

читать

چاک

мел

سبق

урок

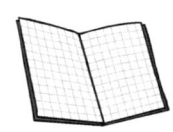

رجسٹر

классный журнал

امتحان

экзамен

سند

диплом

سکول نی وردی

школьная форма

تعلیم

образование

انسائیکلوپیڈیا

энциклопедия

یونیورسٹی

университет

مائیکرو سکوپ

микроскоп

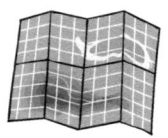

نقشہ

карта

کچرے نا ڈبہ

корзина для бумаг

سفر

путешествие

ہوٹل
гостиница
Grand
باسٹل
турбаза
ROOMS
EXCHANGE
ایکسچینج دفتر
пункт обмена валюты
سوٹ کیس
чемодан
کار
автомобиль

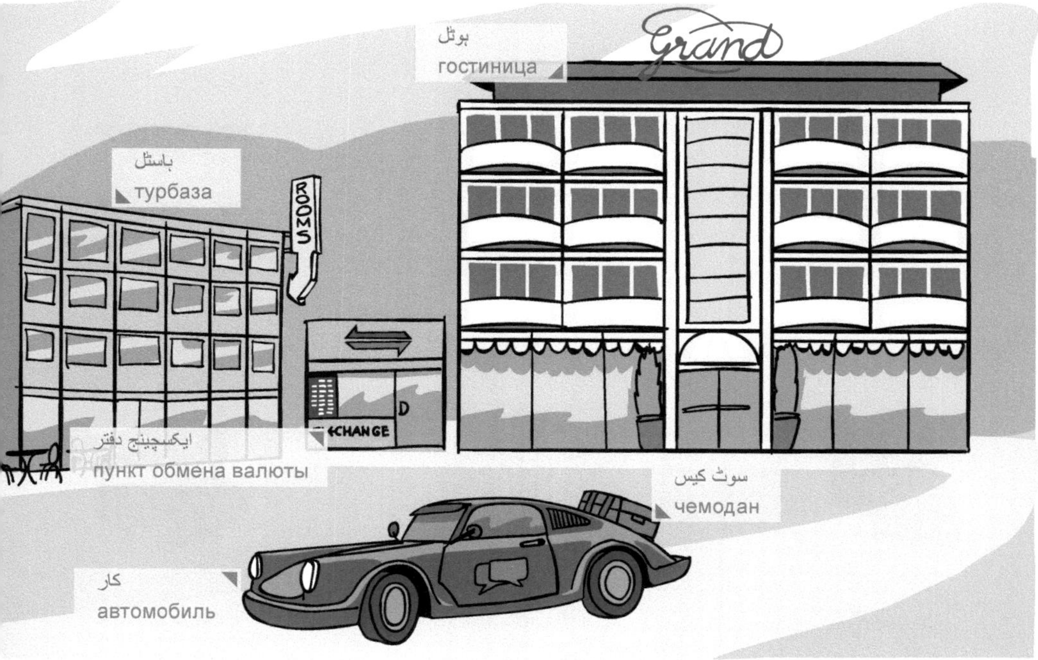

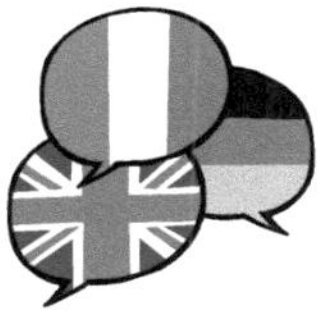

بولی

язык

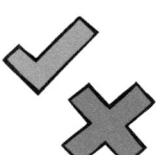

ہاں /نئیں

да / нет

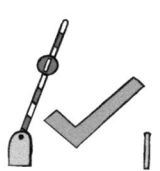

ٹھیک ہے

хорошо

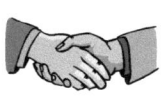

اسلام و علیکم

Привет

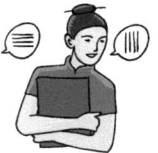

ترجمان

переводчик

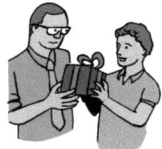

شکریہ

Спасибо

ایہہ کنے نے ؟

Сколько стоит…?

می سمجھ نہیں رلی

Я не понимаю

مسئلہ

проблема

اسلام و علیکم

Добрый вечер!

اسلام و علیکم

Доброе утро!

اللہ حافظ

Доброй ночи!

اللہ نے حوالے

До свидания

سمت

направление

سامان

багаж

بیگ

сумка

بیک پیک

рюкзак

مہمان

гость

کمرہ

комната

سلیپنگ بیگ

спальный мешок

خیمہ

палатка

سفر - путешествие

سياح لئی معلومات

туристическая
информация

ساحل سمندر

пляж

کریڈٹ کارڈ

кредитная карточка

ناشتہ

завтрак

دوپہر نا کھانا

обед

رات نا کھانا

ужин

ٹکٹ

билет

لفٹ

лифт

مہر

почтовая марка

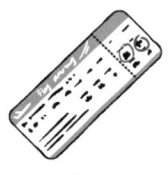

بارڈر

граница

کسٹمز

таможня

ایمبیسی

посольство

ویزا

виза

پاسپورٹ

паспорт

ٹرانسپورٹ

транспорт

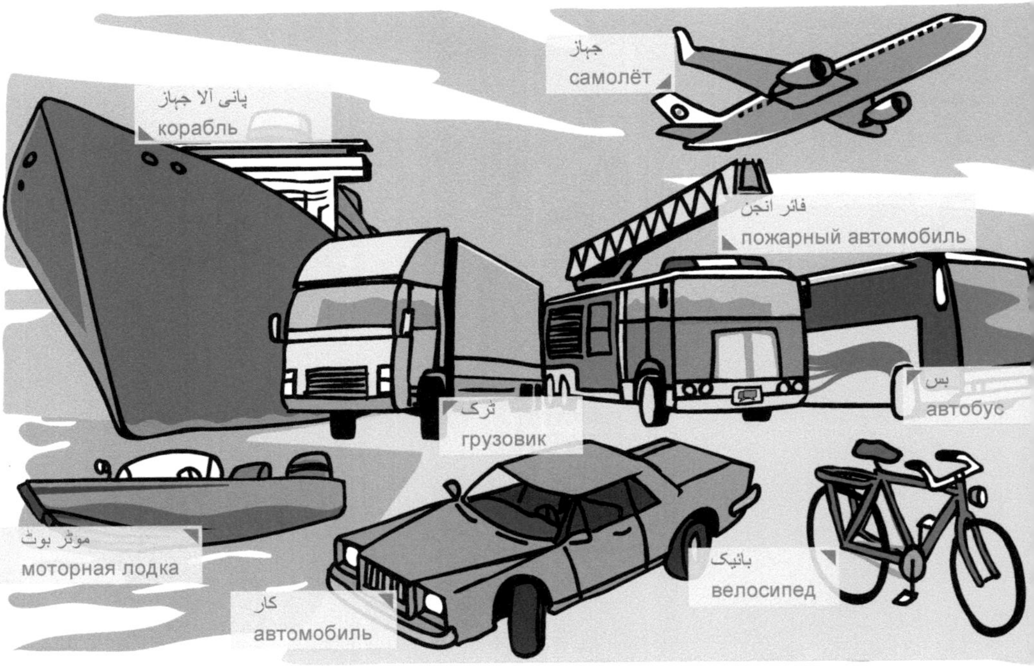

جہاز
самолёт
پانی آلا جہاز
корабль
فائر انجن
пожарный автомобиль
بس
автобус
ٹرک
грузовик
موٹر بوٹ
моторная лодка
بائیک
велосипед
کار
автомобиль

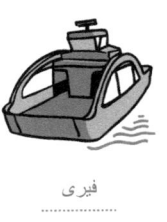

فیری

паром

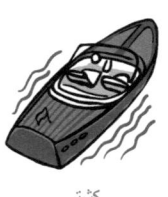

کشتی

лодка

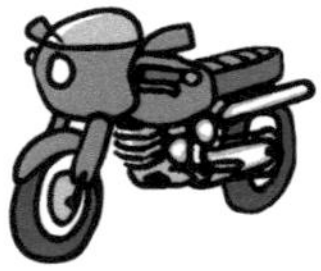

موٹر بائیک

мотоцикл

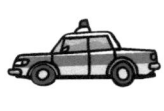

پولیس کار

полицейский автомобиль

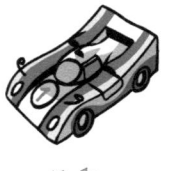

ریسنگ کار

гоночный автомобиль

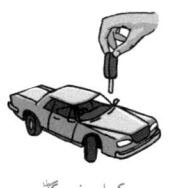

کرایہ نی گڈ

арендованный автомобиль

کار شیرنگ

овместное пользование
автомобилями

بریک ڈاؤن ٹرک

буксировочный
автомобиль

ریفیوز ٹرک

мусоровоз

موٹر

двигатель

فیول

топливо

پٹرول سٹیشن

заправка

ٹریفک سائن

дорожный знак

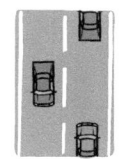

ٹریفک

движение

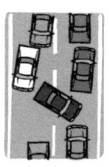

ٹریفک جام

пробка

کار پارک

автостоянка

ریل سٹیشن

вокзал

ٹریکس

рельсы

ریل

поезд

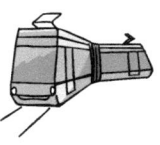

ٹرام

трамвай

کیرج

вагон

بیلی کاپٹر

вертолёт

ائر پورٹ

аэропорт

مینار

вышка

مسافر

пассажир

کنٹینر

контейнер

کاٹن

коробка

چھکڑا

тележка

بالٹی

корзина

اڑنا / لبنا

взлетать / приземляться

شہر

город

پنڈ

деревня

سٹی سینٹر

центр города

کھار

дом

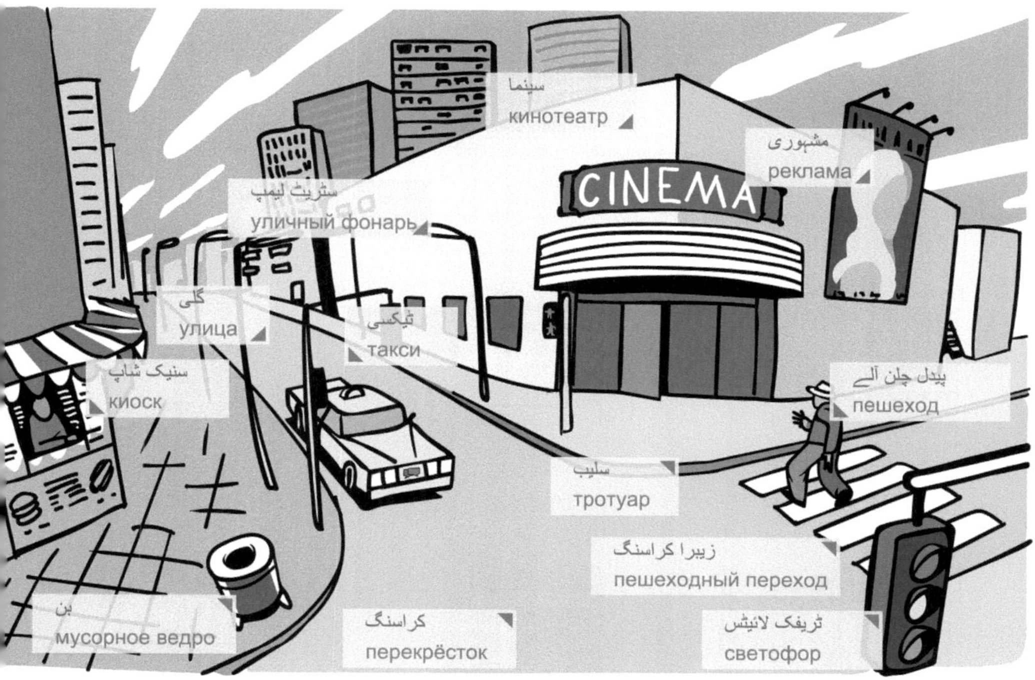

سینما
кинотеатр

مشهوری
реклама

سٹریٹ لیمپ
уличный фонарь

ٹیکسی
такси

گلی
улица

سنیک شاپ
киоск

پیدل چلن آلے
пешеход

سلیب
тротуар

زیبرا کراسنگ
пешеходный переход

بن
мусорное ведро

کراسنگ
перекрёсток

ٹریفک لائٹش
светофор

بٹ
....
хижина

فلیٹ
....
квартира

ریل سٹیشن
....
вокзал

ٹاؤن بال
....
ратуша

میوزئیم
....
музей

سکول
....
школа

یونیورسٹی

университет

بینک

банк

ہسپتال

больница

ہوٹل

гостиница

فارمیسی

аптека

دفتر

офис

کتب خانہ

книжный магазин

بٹی

магазин

پھلاں الے

цветочный магазин

سپر مارکیٹ

супермаркет

بازار

рынок

ڈیپارٹمنٹ سٹور

универмаг

مچھیرے

торговец рыбой

شاپنگ سینٹر

торговый центр

بندرگاہ

порт

پارک

парк

بنچ

скамейка

پل

мост

سیڑھیاں

лестница

انڈر گراؤنڈ

метро

ٹنل

тоннель

بس سٹاپ

автобусная остановка

بار

бар

ریسٹورنٹ

ресторан

پوسٹ بکس

почтовый ящик

سٹریٹ سائن

табличка с названием улицы

پارکنگ میٹر

паркометр

چڑیا کھار

зоопарк

سوئمنگ پول

бассейн

مسجد

мечеть

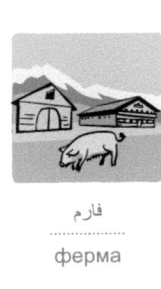

فارم

ферма

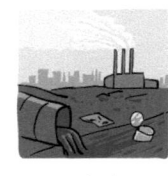

آلودگی

загрязнение окружающей среды

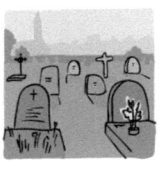

قبرستان

кладбище

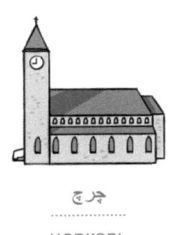

چرچ

церковь

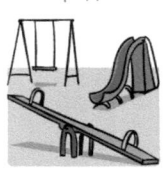

پلے گراؤنڈ

детская площадка

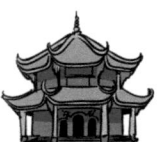

مندر

храм

منظر

ландшафт

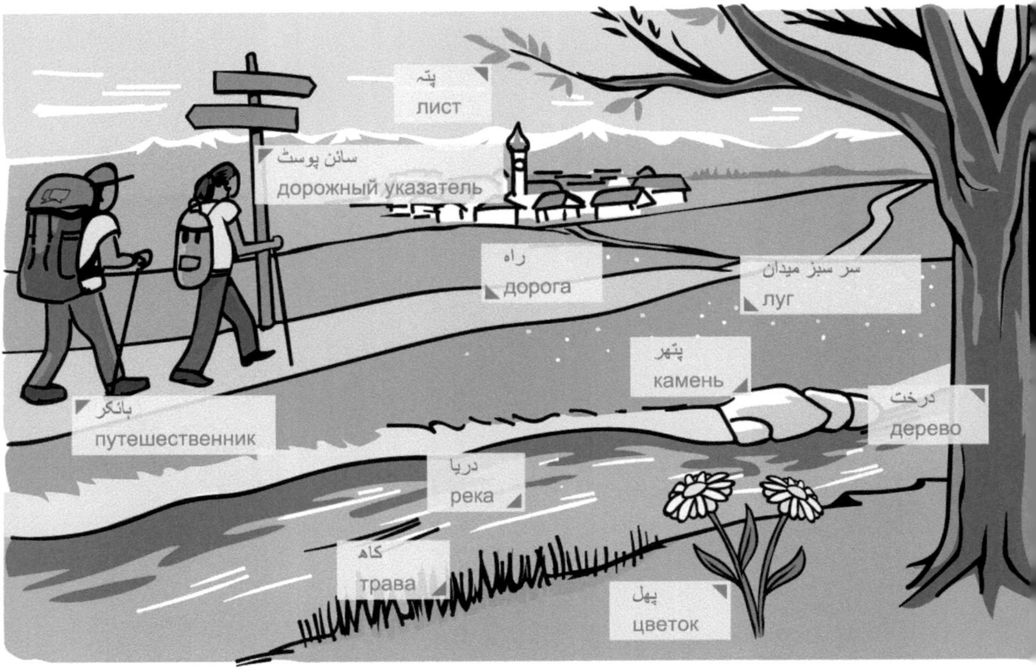
پتہ
лист
سائن پوسٹ
дорожный указатель
راہ
дорога
سر سبز میدان
луг
پتھر
камень
ہائکر
путешественник
درخت
дерево
دریا
река
گھاس
трава
پھل
цветок

وادی

долина

پہاڑی

гора

نہر

озеро

جنگل

лес

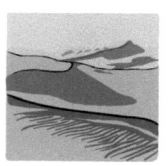

صحرا

пустыня

آتش فشاں

вулкан

قلعہ

замок

رین بو

радуга

کھمبی

гриб

پام ٹری

пальма

مچھر

комар

مکھی

муха

چیونٹا

муравей

مکھی

пчела

مکڑی

паук

منظر - ландшафт

15

أبونرا

жук

مينڅک

лягушка

گلهرى

белка

سيهم

еж

ساهيا

заяц

الو

сова

پرنده

птица

راج بنس

лебедь

نر سور

кабан

برن

олень

باره سنگا

лось

څيم

плотина

ونډ ترربانن

ветряной генератор

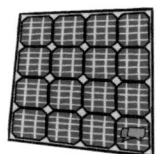

شمسى توانائى دا پينل

солнечная батарея

آب و بوا

климат

ریسٹورنٹ

ресторан

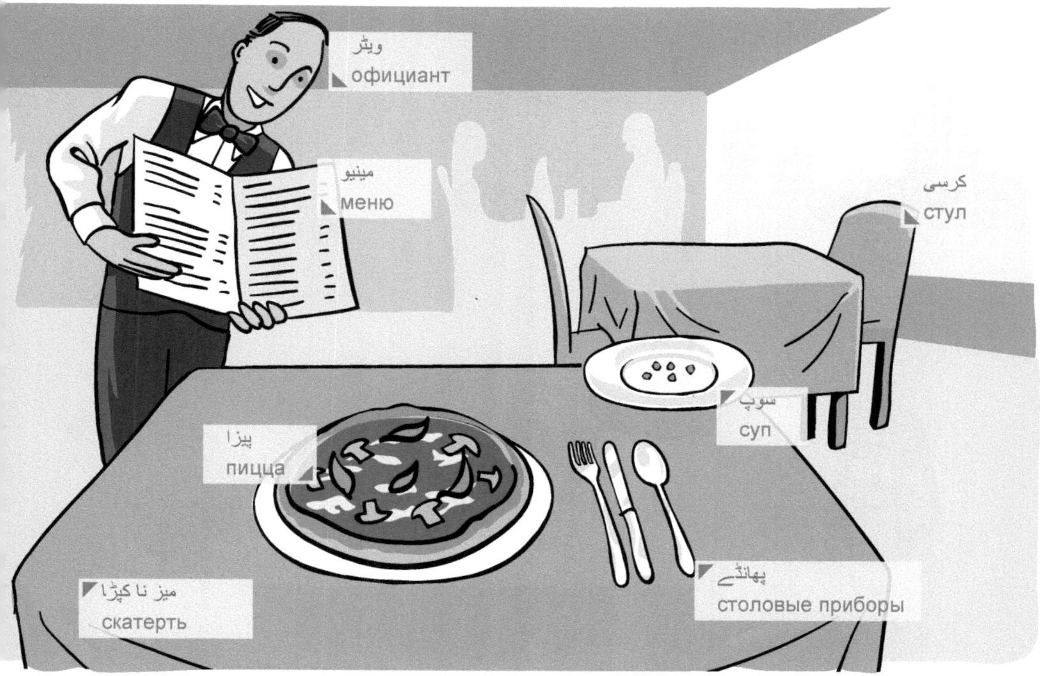

ویٹر
официант
مینیو
меню
کرسی
стул
سوپ
суп
پیزا
пицца
پھانڈے
столовые приборы
میز نا کپڑا
скатерть

سٹارٹر

закуска

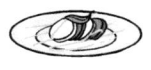

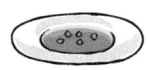

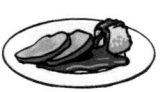

مین کورس

главное блюдо

ڈیزرٹ

десерт

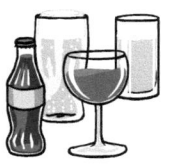

مشروب

напитки

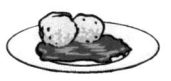

کھانا

еда

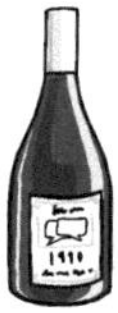

بوتل

бутылка

فاسٹ فوڈ

фастфуд

سٹریٹ فوڈ

уличная еда

ٹی پاٹ

чайник

شوگر بول

сахарница

پورشن

порция

اسپریسو مشین

кофеварка

بے بی چیئر

детский стульчик

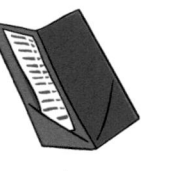

بل

счет

ٹرے

поднос

چھری

нож

کانٹا

вилка

چمچ

ложка

ٹی سپون

чайная ложка

تولیہ

салфетка

گلاس

стакан

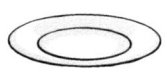

پلیٹ

......

тарелка

سوپ پلیٹ

......

суповая тарелка

ساسر

......

блюдце

چٹنی

......

соус

نمک دانی

......

солонка

پیپر مل

......

мельница для перца

سرکہ

......

уксус

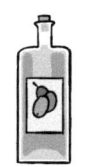

تیل

......

масло

مصالحہ

......

специи

کیچپ

......

кетчуп

سرسینوں

......

горчица

مینیز

......

майонез

سپر مارکیٹ

супермаркет

سپیشل آفر
специальное предложение
FOR
گاہک
покупатель
ڈیری
молочные продукты
بھل
фрукты
ٹرالی
тележка для покупок

BUTCHERS

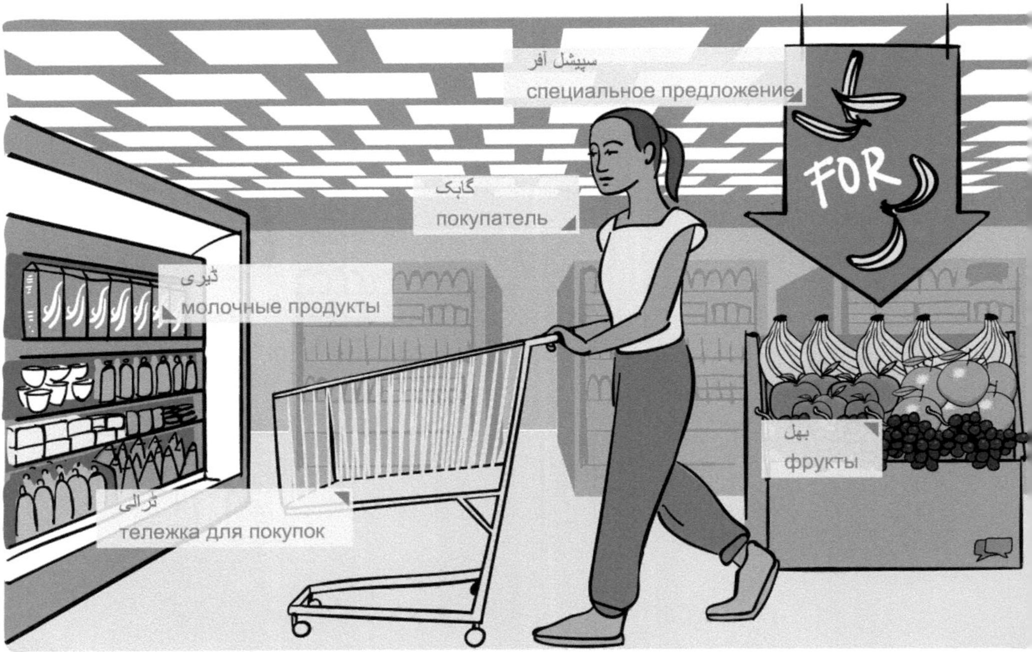

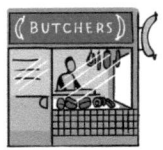

قصائی

мясной магазин

BAKERY

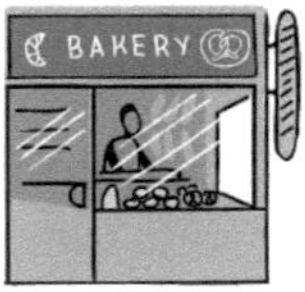

بیکرز

пекарня

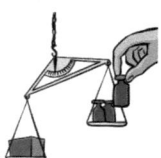

وزن

взвешивать

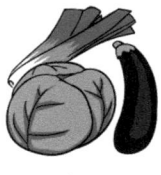

سبزیاں

овощи

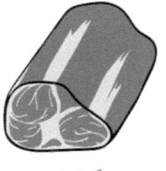

گوشت

мясо

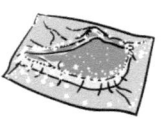

فروزن فوڈ

быстрозамороженные продукты

کولڈ گوشت

نарезка

ٹن فوڈ

консервы

واشنگ پوڈر

стиральный порошок

مٹھائی

сладости

گھار دیاں چیزاں

предмет домашнего обихода

صفائی آلی چیزاں

моющее средство

سیل مین

продавщица

ٹل

касса

کیشئیر

кассир

شاپنگ لسٹ

список покупок

کھلن دا ویلا

время работы

پرس

бумажник

کریڈٹ کارڈ

кредитная карточка

بیگ

сумка

پلاسٹک بیگ

полиэтиленовый пакет

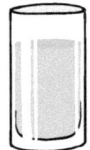

پانى

вода

جوس

сок

ددھ

молоко

کوک

кока-кола

شراب

вино

شراب

пиво

شراب

алкоголь

کوکا

какао

چا

чай

کافى

кофе

أسپريسو

эспрессо

کیپچینو

капучино

کیلا

банан

سیب

яблоко

موسمبی

апельсин

تربوز

арбуз

نیمبو

лимон

گاجر

морковь

لہسن

чеснок

بانس

бамбук

پیاز

лук

کھمبی

гриб

میوے

орехи

نوڈلز

лапша

سپیگیٹی

спагетти

چاول

рис

سلاد

салат

چپس

картофель фри

تلے ہوئے آلو

жареный картофель

پیزا

пицца

بیم برگر

гамбургер

سینڈوچ

сэндвич

تکے

шницель

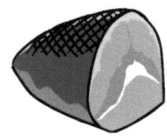

بیم

ветчина

سلامی

салями

ساسج

колбаса

مرغی

курица

بھنیا ہوا

жаркое

مچھی

рыба

جو نا دلیه
....
овсяные хлопья

مولی
....
мюсли

کارن فلیکس
....
кукурузные хлопья

آٹا
....
мука

کرائسنٹ
....
круассан

بریڈ رول
....
булочка

روٹی
....
хлеб

ٹوسٹ
....
тост

بسکٹ
....
печенье

مکھن
....
масло

دہی
....
творог

کیک
....
пирог

انڈا
....
яйцо

تلیا انڈا
....
яичница

پنیر
....
сыр

آئس کریم

мороженое

چینی

сахар

شہد

мёд

جام

мармелад

چاکلیٹ سپریڈ

крем с нугой

سالن

карри

فارم

ферма

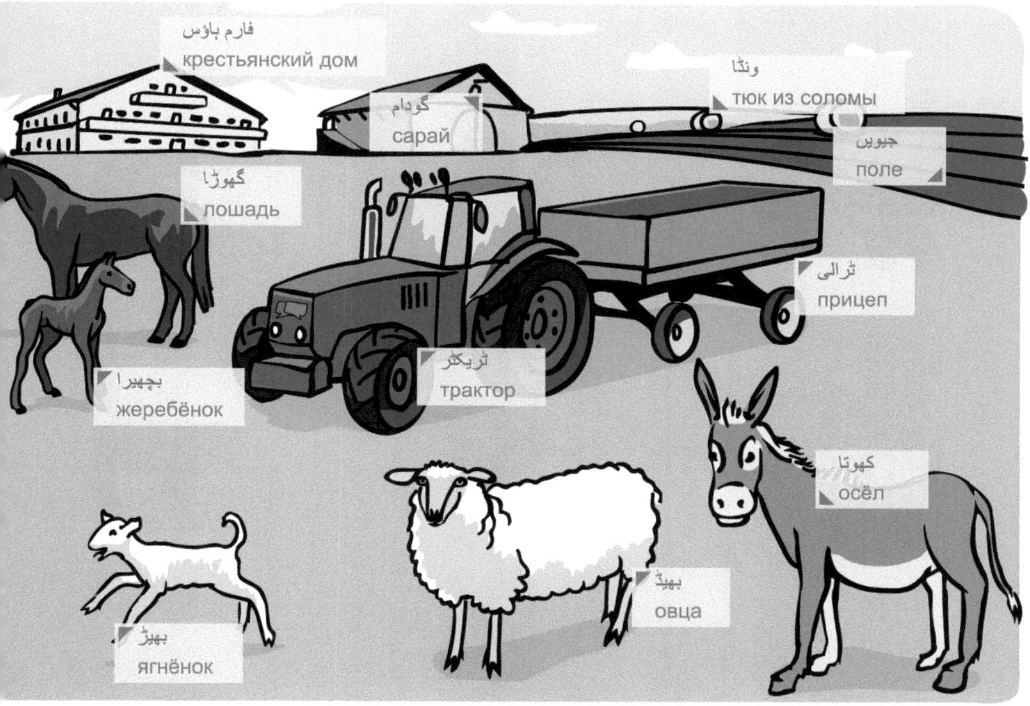

فارم ہاؤس
крестьянский дом
گودام
сарай
ونڈا
тюк из соломы
جیویں
поле
گھوڑا
лошадь
ٹرالی
прицеп
ٹریکٹر
трактор
بچھیرا
жеребёнок
کھوتا
осёл
بھیڈ
овца
بھیڑ
ягнёнок

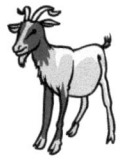

بکری

коза

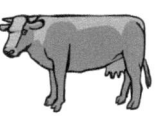

گاں

корова

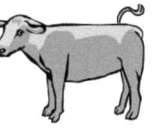

بچھڑا

телёнок

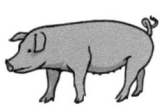

سور

свинья

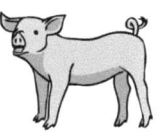

پگ لیٹ

поросёнок

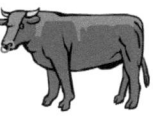

بیل

бык

بطخ

گوس

بطخ

утка

چوزه

цыплёнок

مرغی

курица

مرغا

петух

چوہا

крыса

بلی

кошка

چوہا

мышь

بیل

вол

کتا

собака

کتے نا کھار

конура

لان نا پائپ

садовый шланг

پانی نا ڈبی

лейка

درانتی

коса

بل

плуг

فارم - ферма

درانتی

серп

ہو

мотыга

ترنگل

навозные вилы

کوباڑی

топор

ریڑھی

тачка

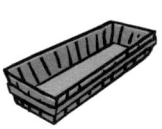

ڈونگا

корыто

دودھ ناڈبہ

бидон для молока

بورا

мешок

باڑ

забор

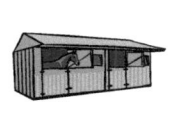

اصطبل

хлев

گرین ہاؤس

теплица

مٹی

почва

بیج

посев

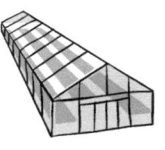

کھاد

удобрение

کمبائن ہارویسٹر

комбайн

فصل
....
собирать урожай

فصل
....
урожай

يامز
....
ямс

كنك
....
пшеница

سويا
....
соя

آلو
....
картофель

مكئى
....
кукуруза

تلى
....
рапс

پهلدار درخت
....
фруктовое дерево

كاساوا
....
маниок

اناج
....
злаки

کھار

дом

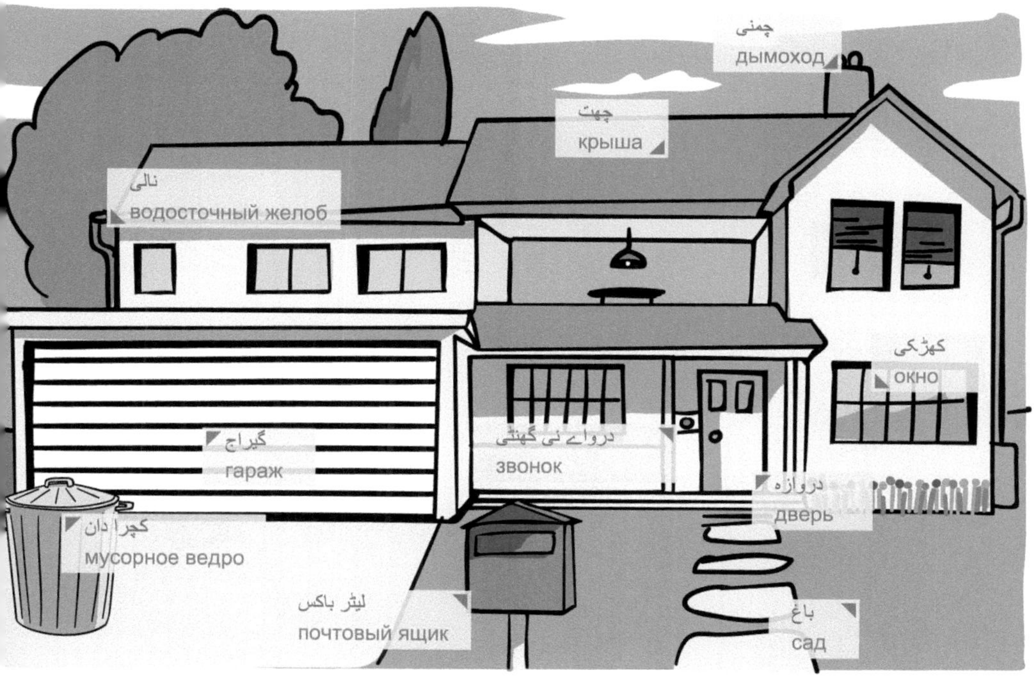

چمنی
дымоход
چھت
крыша
نالی
водосточный желоб
کھڑکی
окно
گیراج
гараж
دروازے نی گھنٹی
звонок
دروازہ
дверь
کچرا دان
мусорное ведро
لیٹر باکس
почтовый ящик
باغ
сад

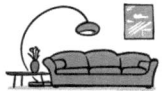

لونگ روم

гостиная

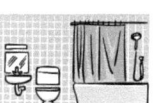

باتھ روم

ванная комната

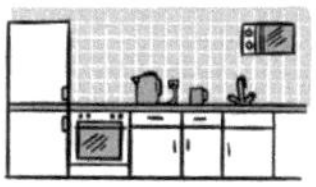

باورچہ خانہ

кухня

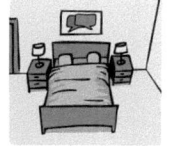

بیڈروم

спальня

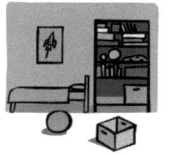

بچیاں نا کمرہ

детская комната

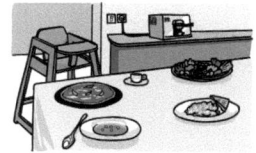

ڈائننگ روم

столовая

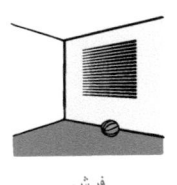

فرش

пол

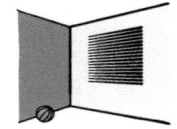

ديوار

стена

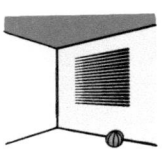

چھت

потолок

تہ خانہ

подвал

سوانا

сауна

بالکنی

балкон

ٹیرس

терраса

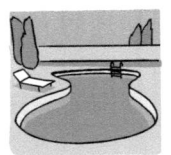

پول

бассейн

لان موور

газонокосилка

شیٹ

пододеяльник

بیڈ سپریڈ

покрывало

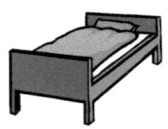

بیڈ

кровать

جھاڑو

метла

بالٹی

ведро

سونچ

выключатель

لونگ روم

гостиная

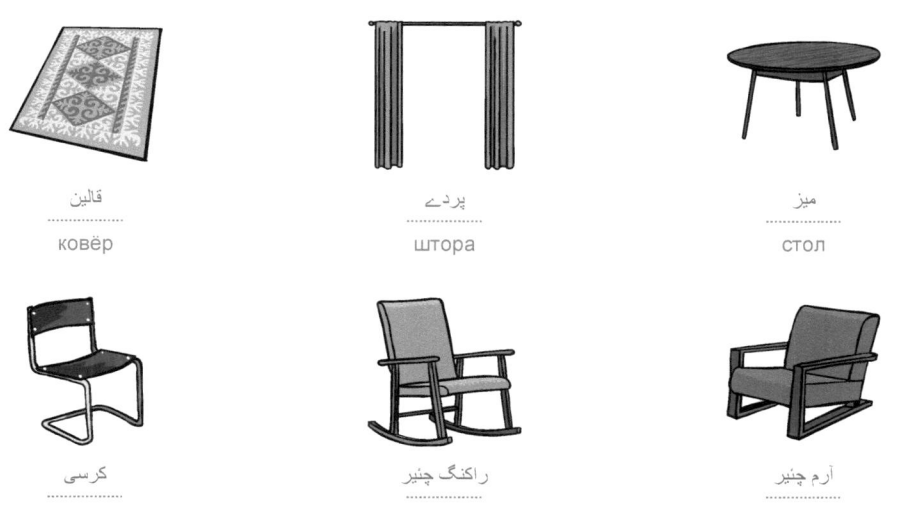

وال پیپر
обои
تصویر
рисунок
لیمپ
лампа
شیلف
полка
الماری
шкаф
ٹیلیویژن
телевизор
آگ دان
камин
پھل
цветок
کشن
подушка
صوفہ
диван
گلدان
ваза
ریموٹ کنٹرول
пульт дистанционного управления

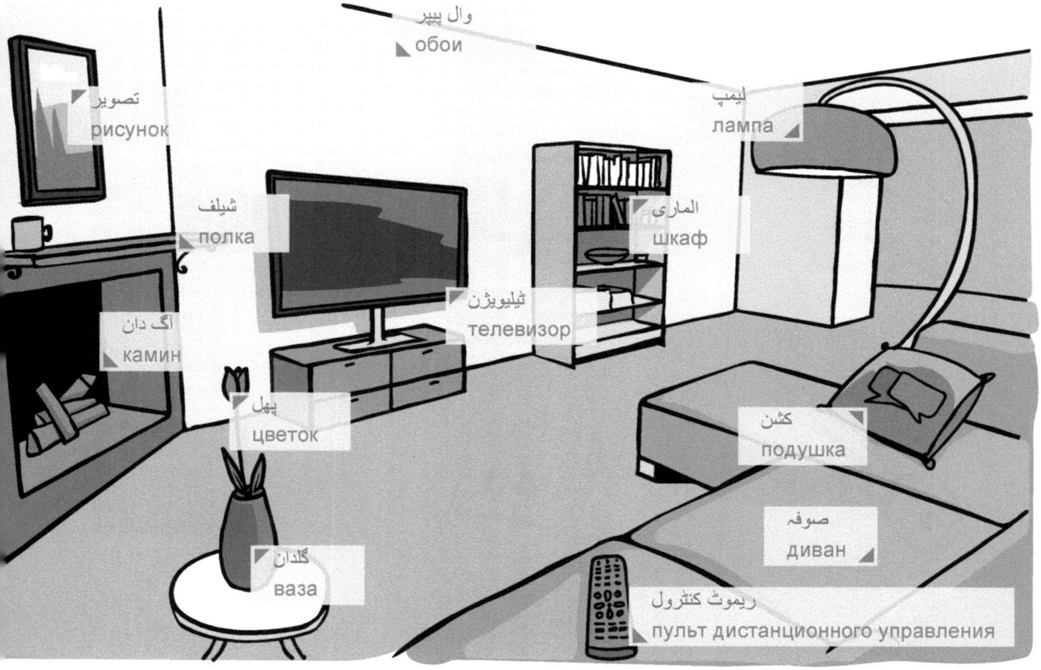

قالین

ковёр

پردے

штора

میز

стол

کرسی

стул

راکنگ چئیر

кресло-качалка

آرم چئیر

кресло

كتاب

книга

كمبل

покрывало

ڈیکوریشن

украшение

کولے

дрова

فلم

фильм

ہائی فائی آلات

стереосистема

چابی

ключ

اخبار

газета

پینٹنگ

картина

پوسٹر

плакат

ریڈیو

радио

نوٹ پیڈ

блокнот

ہوور

пылесос

کیکٹس

кактус

موم بتی

свеча

فرج
холодильник

مائیکرو ویو اوون
микроволновая печь

کچن سکیل
кухонные весы

صرف
моющее средство

ٹوسٹر
тостер

اوون
духовка

فریزر
морозилка

کچرا دان
мусорное ведро

پھانٹے دھون آلہ
посудомоечная машина

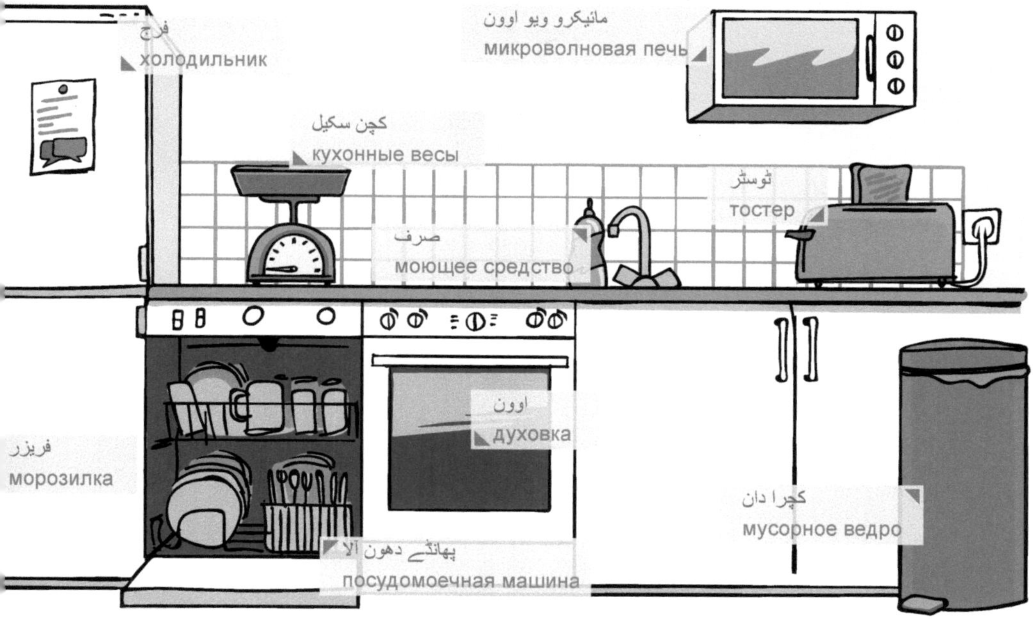

ککر
плита

پاٹ
кастрюля

کاسٹ آئرن پاٹ
чугунный котелок

ووک / کدائی
вок / кадай

پین
сковорода

کیتلی
чайник

سٹیمر

пароварка

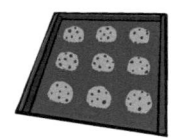

بیکنگ ٹرے

противень

پھانٹے

посуда

مگا

кружка

پیالہ

миска

چوپ سٹکس

палочки для еды

کرچھل

половник

اسپالی

лопатка

پھینٹن آلا

сбивалка

چھننا

сито

چھننی

сито

جھاواں

тёрка

کھان پکان آلا چمچہ

ступка

باربی کیو

гриль

چولھا

костёр

کٹنگ بورڈ

доска

رولنگ پن

скалка

کارک سکرو

штопор

کین

жестяная банка

کین کھلون آلا

консервный нож

پاٹ پکڑن آلا

прихватка

سنک

раковина

برش

щетка

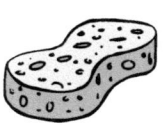

سپنج

губка

بلینڈر

миксер

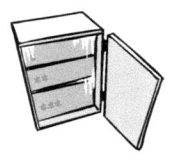

ٹیپ فریزر

морозильная камера

بچے نی بوتل

бутылочка для кормления

ٹوٹی

кран

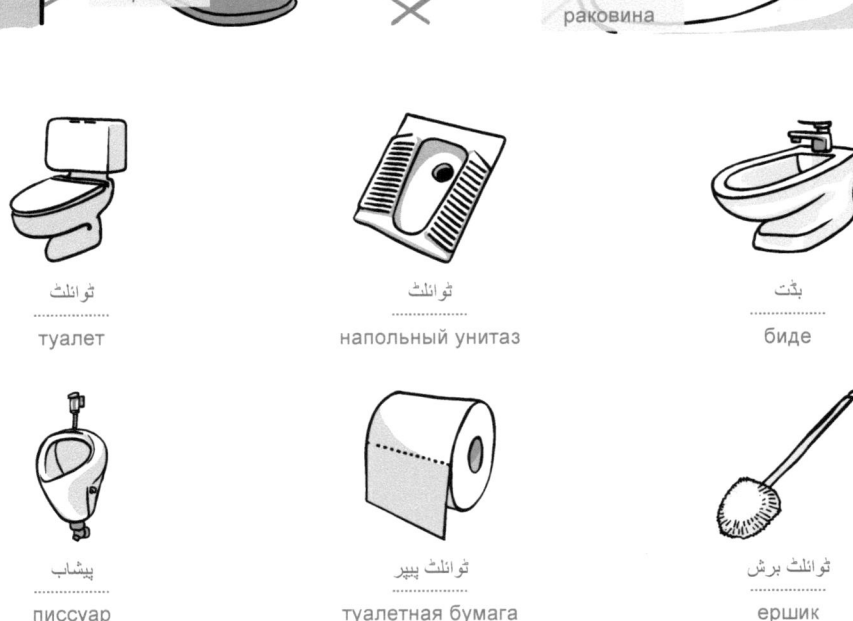

باتھ روم

ванная комната

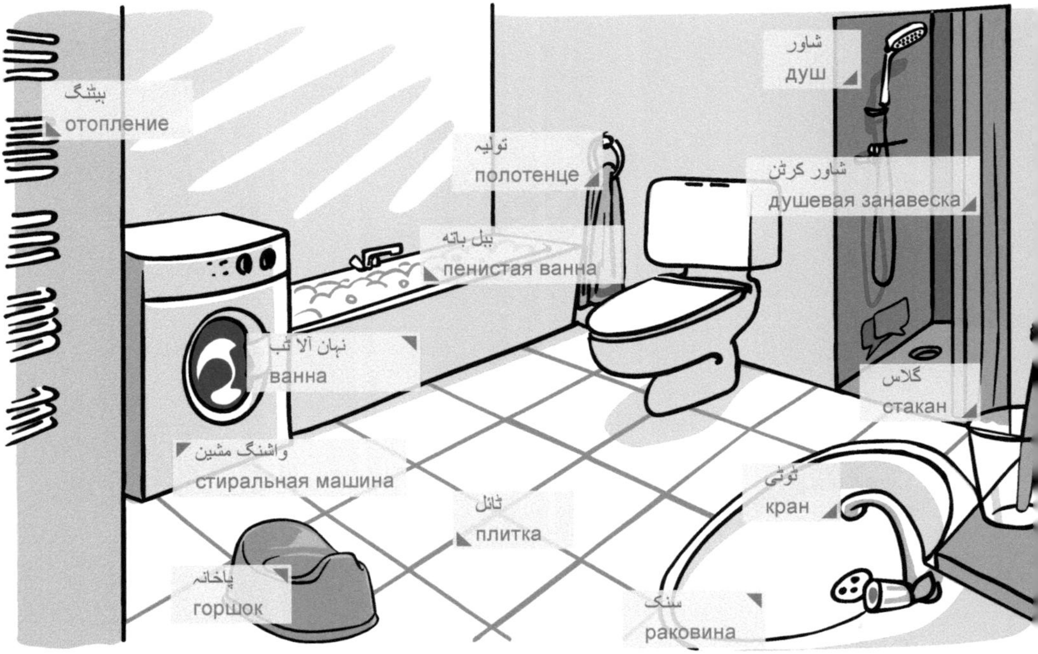

شاور
душ
ہیٹنگ
отопление
تولیہ
полотенце
شاور کرٹن
душевая занавеска
ببل باتھ
пенистая ванна
نہان آلا ٹب
ванна
گلاس
стакан
واشنگ مشین
стиральная машина
ٹوٹی
кран
ٹائل
плитка
پاخانہ
горшок
سنک
раковина

ٹوائلٹ

туалет

ٹوائلٹ

напольный унитаз

بڈٹ

биде

پیشاب

писсуар

ٹوائلٹ پیپر

туалетная бумага

ٹوائلٹ برش

ершик

ٹوتھ برش

зубная щетка

ٹوتھ پیسٹ

зубная паста

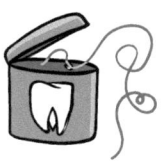

ڈینٹل فلاس

зубная нить

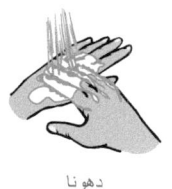

دھونا

мыть

ہتھ وچ پھڑن آلا شاور

ручной душ

شاور

интимный душ

بیسن

таз

بیک برش

щетка для спины

صابن

мыло

شاور جیل

гель для душа

شیمپو

шампунь

فلالین

мочалка

نالی

сток

کریم

крем

ڈیوڈرنٹ

дезодорант

آئینہ

زеркало

بٹہ آلا شیشہ

ручное зеркало

استرا

бритва

شیونگ فوم

пена для бритья

أفٹر سیو

лосьон после бритья

کنگھا

расческа

برش

щетка

بنیر ڈرائر

фен

بنیر سپرے

лак для волос

میک اپ

косметика

لپ سٹک

губная помада

ناخن نی وارنش

лак для ногтей

کاٹن وول

вата

ناخن کتر

маникюрные ножницы

پرفیوم

духи

واش بیگ

косметичка

پاخانه

табуретка

وزن دا پیمانه

весы

باته نی الماری

халат

ربر نے دستانہ

резиновые перчатки

بفر

тампон

توليہ سٹینڈ

гиеническая прокладка

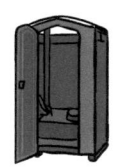

کیمیکل ٹوائلٹ

биотуалет

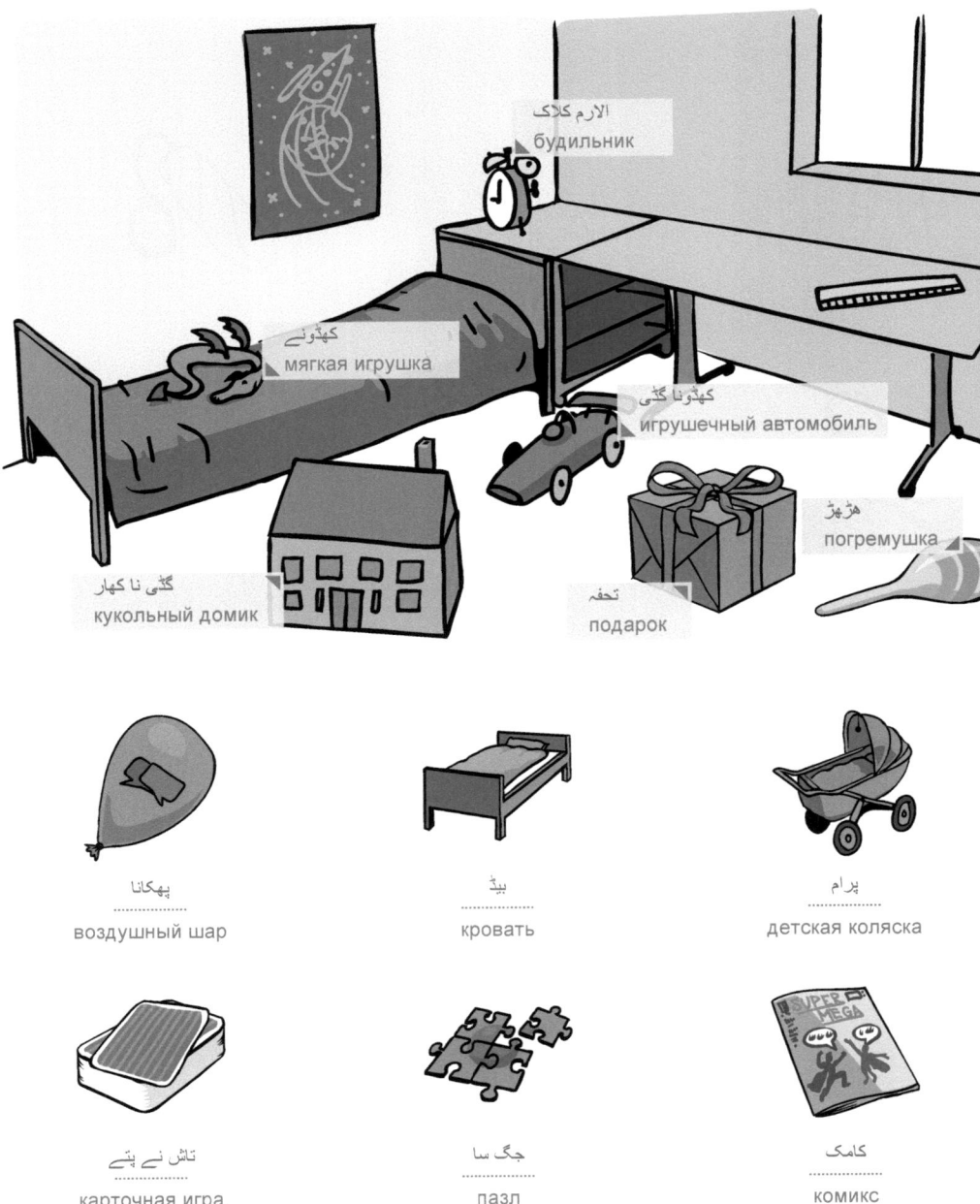

الارم كلاک
будильник

كھڈونے
мягкая игрушка

كھڈونا گڈی
игрушечный автомобиль

ہڑہڑ
погремушка

گڈی نا كھار
кукольный домик

تحفہ
подарок

پھكانا
воздушный шар

بیڈ
кровать

پرام
детская коляска

تاش نے پتے
карточная игра

جگ سا
пазл

كامک
комикс

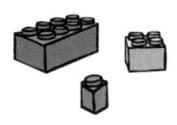

لیگو بِرکس

кирпичики Лего

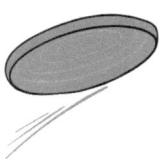

بلڈنگ بلاکس

кубики

کھڈونا

игрушечная фигурка

بے بی گرو

ползунки

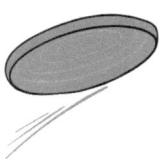

فرزوی

фрисби

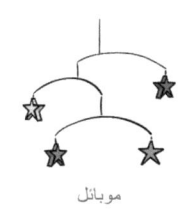

موبائل

мобиле

بورڈ گیم

настольная игра

ڈائس

кубик

ماڈل ٹرن سیٹ

модель железной дороги

ڈمی

соска

پارٹی

вечеринка

تصویری کتاب

книга с картинками

گیند

мяч

گڑی

кукла

کھیلنا

играть

سینڈ پٹ

песочница

جھولا

качели

کھلونے

игрушка

ویڈیو گیم کنسول

игровая приставка

ٹرائی سائیکل

трёхколесный велосипед

ٹیڈی بئیر

плюшевый медвежонок

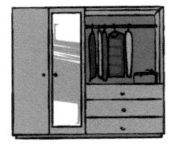

الماری

шкаф для одежды

کپڑے

одежда

جرابان

носки

جرابان

чулки

ٹائٹس

колготки

سکارف
шарф

چھتری
зонтик

ٹی شرٹ
футболка

بیلٹ
ремень

بوٹ
сапоги

سلیپر
тапки

جوگر
кроссовки

سینڈل
....
сандалии

جوتی
....
ботинки

ربر نے جوتی
....
резиновые сапоги

انڈر وئیر
....
трусы

برا
....
бюстгальтер

بنیان
....
майка

کپڑے - одежда   45

جسم

боди

پاجامہ

брюки

جینز

джинсы

سکرٹ

юбка

برا

блузка

قمیض

рубашка

سوئیٹر

свитер

بوڈی

свитер

کوٹ

спортивная куртка

جیکٹ

жакет

کوٹ

пальто

برساتی

плащ

کاسٹیوم

костюм

کپڑے

платье

شادی نا جوڑا

свадебное платье

سوٹ

مужской костюм

راتے نے کپڑے

ночная сорочка

پاجامہ

пижама

ساڑھی

сари

سکارف

платок

پگڑی

тюрбан

برقعہ

паранджа

کفتان

кафтан

برقعہ

абайя

نہان والے کپڑے

купальник

انڈرونیر

плавки

نیکر

шорты

ٹریک سوٹ

спортивный костюм

دھوتی

фартук

دستانے

перчатки

بٹن
....
пуговица

چَشمہ
....
очки

بریسلیٹ
....
браслет

ہار
....
цепочка

انگوٹھی
....
кольцо

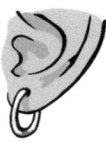

کنڈے
....
серьга

ٹوپی
....
шапка

کوٹ ہینگر
....
вешалка

ٹوپی
....
шляпа

ٹائی
....
галстук

زپ
....
застежка молния

ہیلمٹ
....
шлем

بریسز
....
подтяжки

سکول نی وردی
....
школьная форма

وردی
....
форма

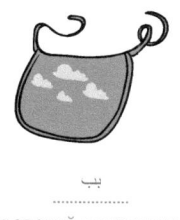

بب

детский нагрудник

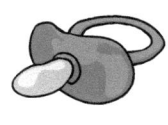

ڈمی

соска

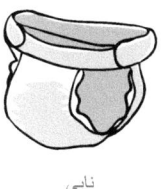

ناپی

подгузник

دفتر

офис

سرور
сервер
فائلاں نے الماری
канцелярский шкаф
کاغذ
бумага
پرنٹر
принтер
مانیٹر
монитор
میز
письменный стол
ماؤس
мышь
فولڈر
папка
کی بورڈ
клавиатура
کچرے نا ڈبہ
корзина для бумаг
کمپیوٹر
компьютер
کرسی
стул

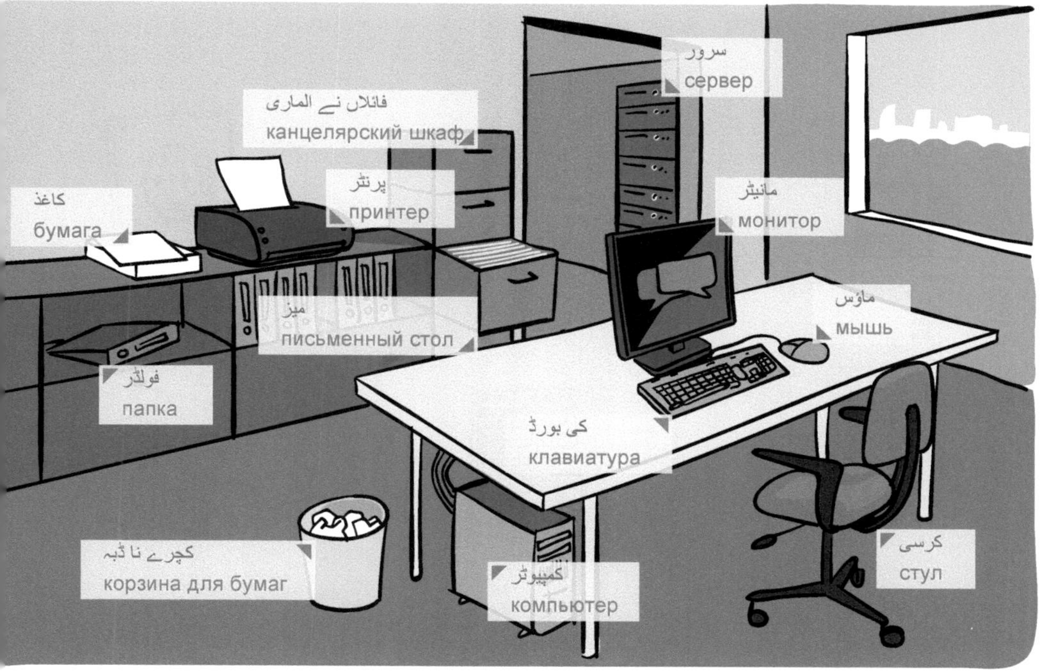

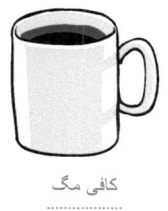

کافی مگ

кофейная кружка

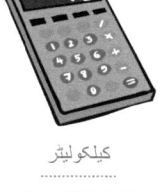

کیلکولیٹر

калькулятор

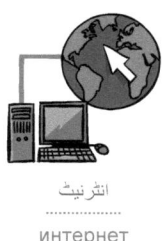

انٹرنیٹ

интернет

لیپ ٹاپ

ноутбук

خط

письмо

پیغام

сообщение

موبائل

мобильный телефон

نیٹ ورک

сеть

فوٹو کاپنیر

ксерокс

سافٹ ونیر

программа

ٹیلیفون

телефон

پلگ ساکٹ

розетка

فکس مشین

факс

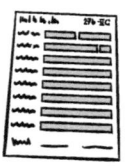

فارم

формуляр

دستاویزات

документ

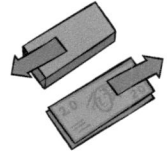

خريدنا

покупать

ادا كرنا

платить

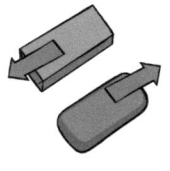

تجارت

торговать

پيسہ

деньги

ڈالر

доллар

يورو

евро

ين

иена

ريل

рубль

سويس فرانک

франк

رينمينبى يوان

жэньминьби юань

روپيہ

рупия

کيش پوائنٹ

банкомат

ایکسچینج دفتر

پنکت обмена валюты

سونا

золото

چاندی

серебро

تیل

нефть

توانائی

энергия

قیمت

цена

معاہدہ

договор

ٹیکس

налог

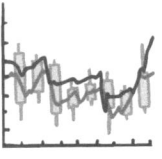

سٹاک

акция

کم

работать

ملازم

служащий

اجر

работодатель

فیکٹری

фабрика

بٹی

магазин

پلس افسر
милиционер

اگ بجهان آلا
пожарный

کک
повар

ڈاکٹر
врач

پائلٹ
пилот

مالی
....
садовник

برهئی
....
столяр

درزن
....
швея

جج
....
судья

کیمسٹ
....
химик

ایکٹر
....
актёр

بس ڈرائیور

водитель автобуса

ٹیکسی ڈرائیور

таксист

مچھیرا

рыбак

صفائی آلی جنانی

уборщица

روفر

кровельщик

ویٹر

официант

شکاری

охотник

پینٹر

художник

بیکری آلا

пекарь

الیکٹریشن

электрик

تعمیرات آلا

строитель

انجینیر

инженер

قصائی

мясник

پلمبر

сантехник

پوسٹ مین

почтальон

سپاہی

солдат

آرکیٹیکٹ

архитектор

کیشیئر

кассир

پھلاں آلا

флорист

نائی

парикмахер

کنڈکٹر

кондуктор

مکینک

механик

کپتان

капитан

دندان ساز

зубной врач

سائنس دان

ученый

ربائی

раввин

امام

имам

رابب

монах

انگریز

священник

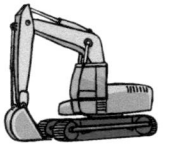

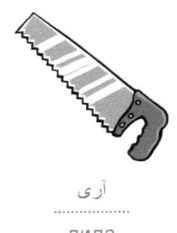

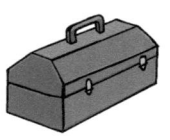

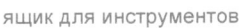

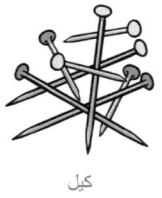

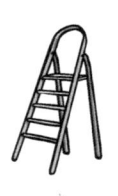

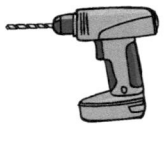

ٹولز

инструменты

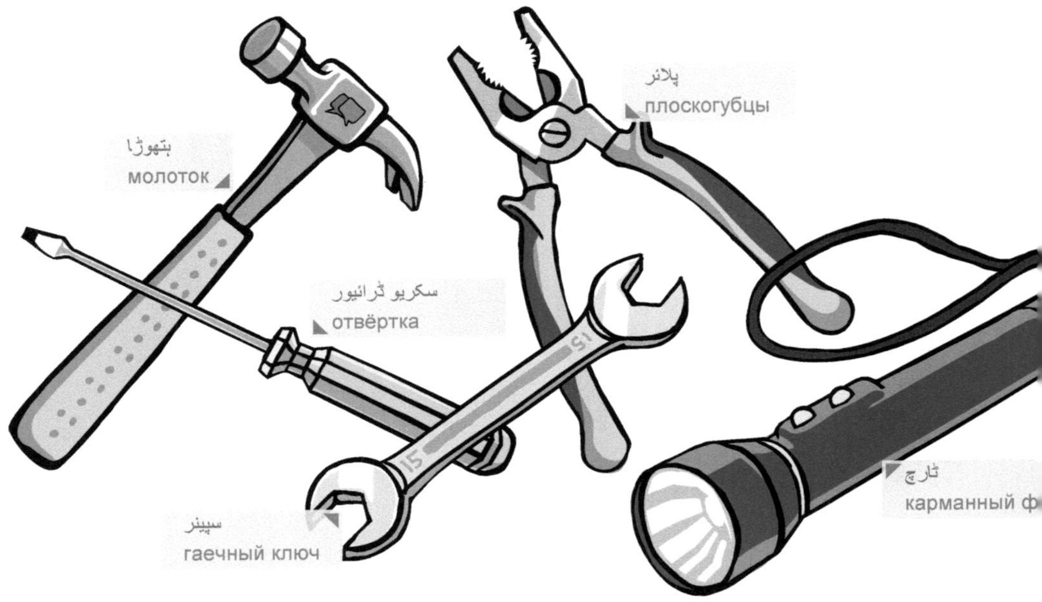
پلائر
плоскогубцы
ہتھوڑا
молоток
سکریو ڈرائیور
отвёртка
ٹارچ
карманный ф
سپینر
гаечный ключ

پھاوڑا

экскаватор

ٹول باکس

ящик для инструментов

سیڑھی

стремянка

آری

пила

کیل

гвозди

ڈرل

дрель

مرمت

ремонтировать

شاول

лопата

لعنت!

Блин!

ڈسٹ پین

совок

پینٹ پاٹ

ведро с краской

سکریوز

винты

موسیقی نے آلات
музыкальные инструменты

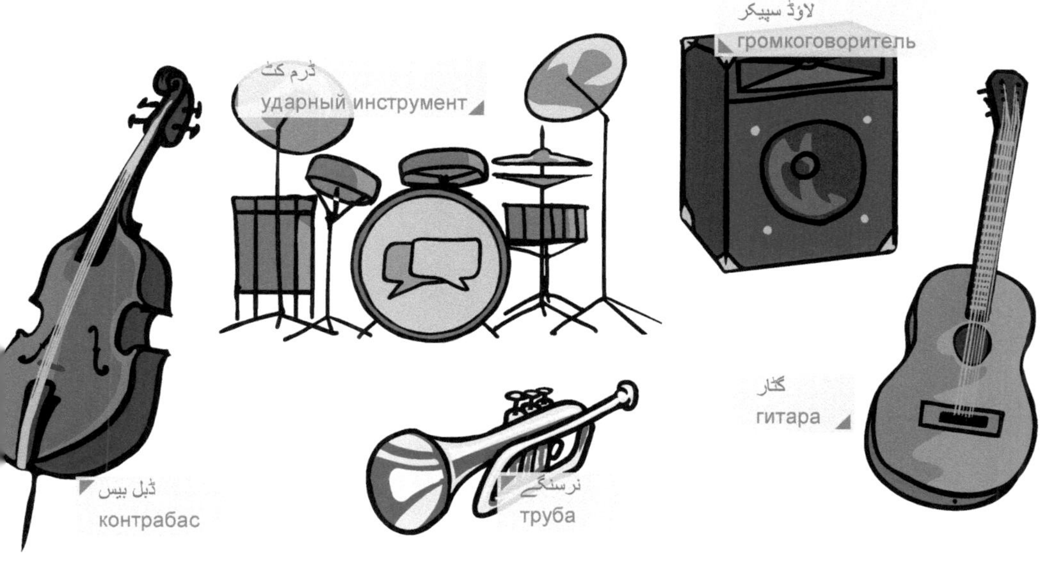

ڈرم کٹ

ударный инструмент

لاؤڈ سپیکر

громкоговоритель

گٹار

гитара

ڈبل بیس

контрабас

نرسنگے

труба

پیانو

пианино

وائلن

скрипка

بیس

бас-гитара

ٹمپانی

литавры

ڈرمز

барабан

کی بورڈ

синтезатор

سیگزو فون

саксофон

بانسری

флейта

مائکروفون

микрофон

موسیقی نے آلات - музыкальные инструменты

зоопарк

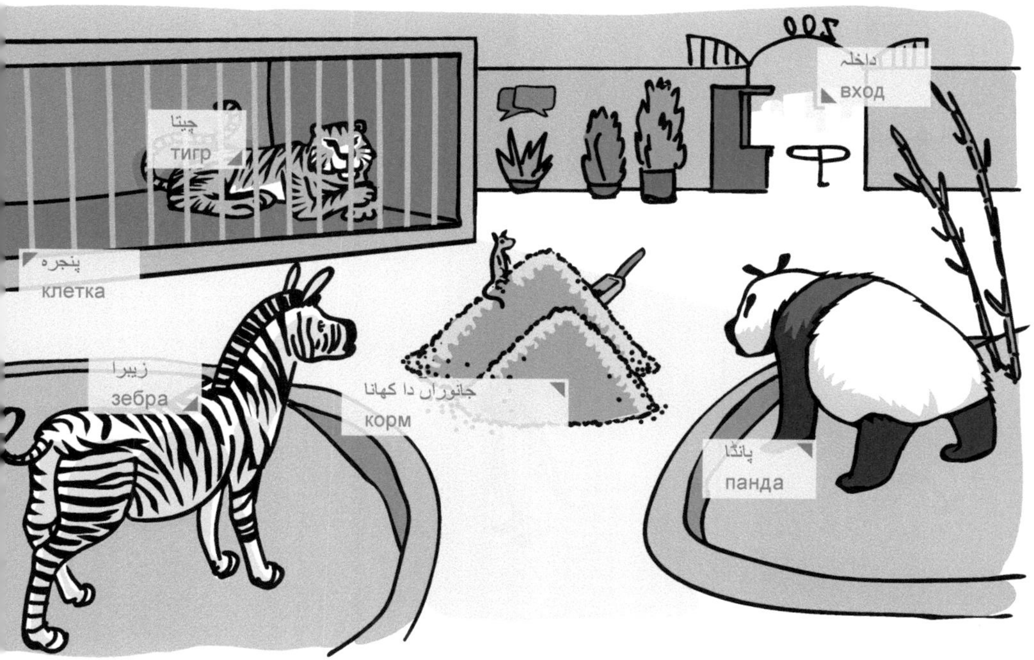
داخلہ
вход
چیتا
тигр
پنجرہ
клетка
زیبرا
зебра
جانوراں دا کھانا
корм
پانڈا
панда

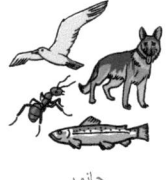

جانور
животные

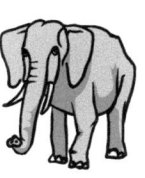

ہاتھی
слон

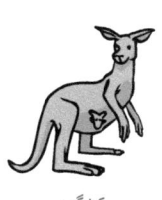

کینگرو
кенгуру

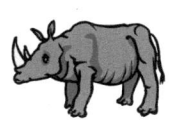

گینڈا
носорог

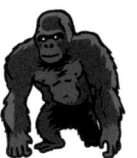

گوریلا
горилла

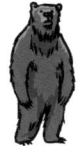

ریچھ
медведь

اونٹ
....
верблюд

شترمرغ
....
страус

شیر
....
лев

باندر
....
обезьяна

فلیمنگو
....
фламинго

طوطا
....
попугай

برفانی ریچھ
....
белый медведь

پینگوئن
....
пингвин

شارک
....
акула

مور
....
павлин

سپ
....
змея

مگرمچھ
....
крокодил

چڑیا گھر دا رکھوالا
....
служитель зоопарка

سیل
....
тюлень

جیگوار
....
ягуар

چڑیا کھار - зоопарк

پونی

پونی

پони

لیپرڈ

леопард

ہپو

бегемот

زرافہ

жираф

چیل

орёл

نر سور

кабан

مچھی

рыба

کچھوا

черепаха

والرس

морж

لومبڑ

лиса

گیزل

газель

امریکن فٹبال
американский футбол

سائکلنگ
езда на велосипеде

ٹینس
теннис

باسکٹ بال
баскетбол

سوئیمنگ
плавание

باکسنگ
бокс

آئس ہاکی
хоккей

فٹبال
....
футбол

بیڈ منٹن
....
бадминтон

ایتھلیٹکس
....
лёгкая атлетика

بینڈ بال
....
гандбол

سکیینگ
....
лыжный спорт

پولو
....
поло

بنسنا
смеяться

چھال م
ыгать

چھپی پانا
обнимать

چلنا
идти

گانا گانا
петь

خواب
мечтать

دعا
молиться

بوسہ
целовать

لکھنا
писать

لیک لانا
рисовать

وکھانا
показывать

دھکا
нажимать

دینا
давать

لینا
брать

بے وے

иметь

کرنا

делать

ہو

быть

کھلونا

стоять

دوڑنا

бежать

چیھکنا

тянуть

سٹنا

бросать

ٹھینا

падать

جھوٹ

лежать

انتظار

ждать

چکنا

носить

بیھنا

сидеть

کپڑے پانا

надевать

سونا

спать

جاگنا

просыпаться

ویکھنا

رسسматривать

رونا/چلانا

плакать

سہلانا

гладить

کنگھی

причесывать

گل کرنا

говорить

سمجھنا

понимать

پوچھنا/دسنا

спрашивать

سننا

слушать

پینا

пить

کھانا

кушать

تیار ہونا

наводить порядок

محبت

любить

پکانا

готовить

گاڑی چلانا

ехать

اڑنا

летать

سمندری سفر

ходить под парусом

کیلکولیٹ

считать

پڑھنا

читать

سیکھنا

учиться

کم

работать

شادی

вступать в брак

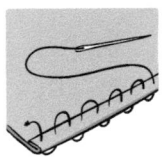

سیونا

шить

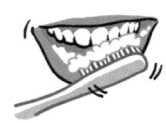

دند صاف

чистить зубы

قتل

убивать

دھواں

курить

بھیجنا

отправлять

کنبہ

семья

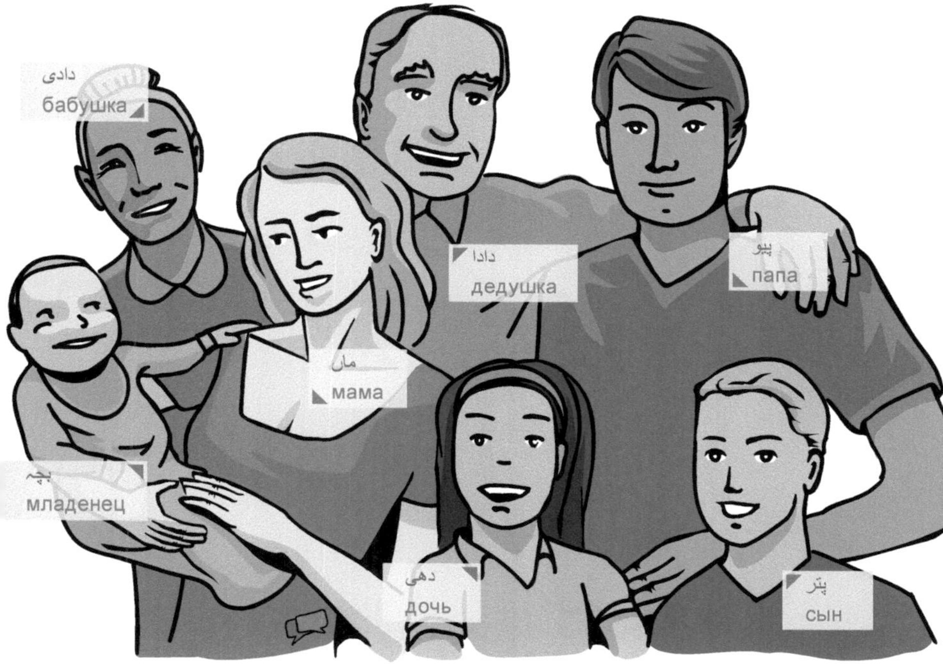
دادی
бабушка
دادا
дедушка
پیو
папа
ماں
мама
بچہ
младенец
دھی
дочь
پتر
сын

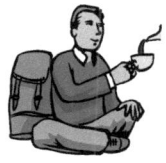

مہمان

гость

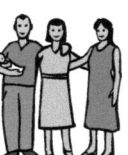

ماسی / پھو

тетя

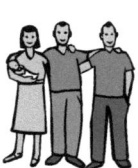

چاچا/ماما

дядя

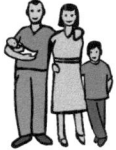

بھرا

брат

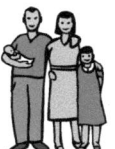

بہن

сестра

جسم

тело

متھا
лоб
اکھ
глаз
منڈھے
плечо
انگلی
палец
منہ
лицо
ٹھوڑی
подбородок
ہتھ
кисть
لت
нога
چھاتی
грудь
بانہ
рука

بچہ
....
младенец

بندہ
....
мужчина

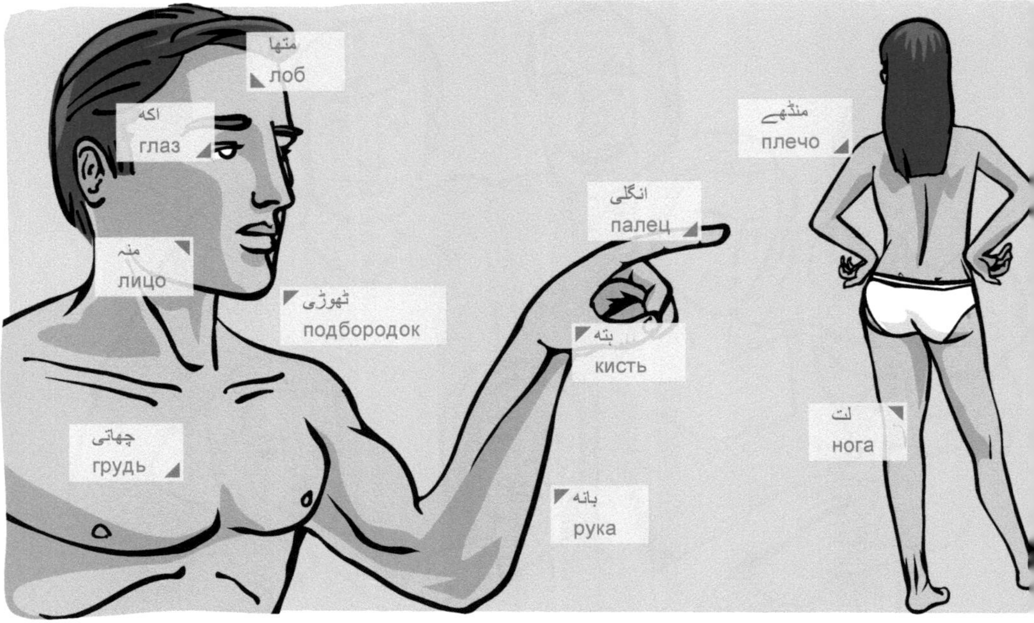

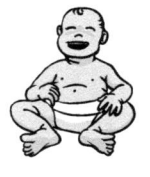

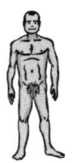

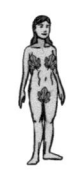

جنانی
....
женщина

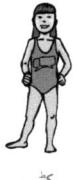

کڑی
....
девочка

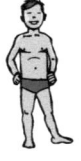

مڑا
....
мальчик

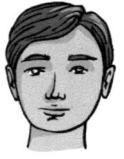

سر
....
голова

كمر

спина

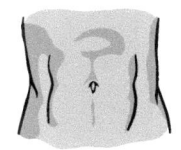

تِهْڈ

живот

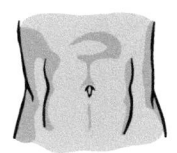

تهنى

пупок

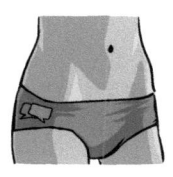

پنجہ

палец ноги

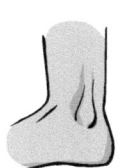

اڈی

пятка

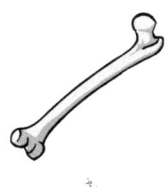

بتّہ

кость

کولہے

бедро

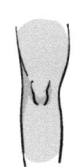

گوڈے

колено

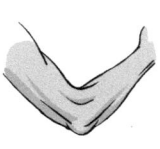

کہنی

локоть

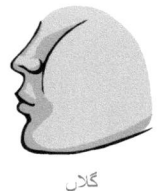

نک

нос

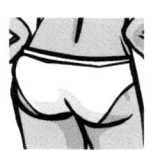

زیر جامہ

ягодицы

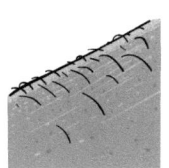

کھل

кожа

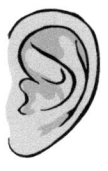

گلاں

щека

ухо

کن

بل

губа

منہ

рот

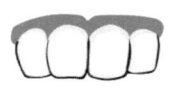

دند

зуб

زبان

язык

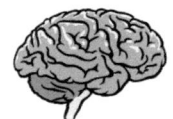

دماغ

мозг

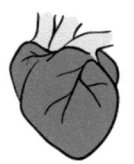

دل

сердце

پٹھے

мышца

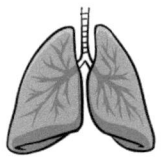

پھیپڑے

лёгкое

جگر

печень

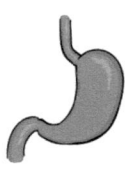

ٹھڈ

желудок

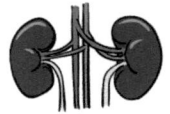

گردے

почки

جنس

половой акт

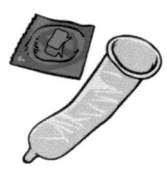

کنڈم

презерватив

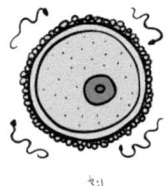

انڈے

яйцеклетка

منی

сперма

حمل

беременность

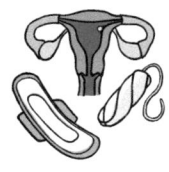

حیض

منструация

اندام نهانی

вагина

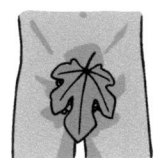

عضو تناسل

пенис

بهرو

бровь

بال

волосы

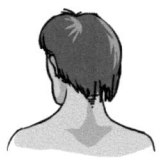

گردن

шея

ہسپتال

больница

ہسپتال
больница
ایمبولنس
машина скорой помощи
وھیل چئیر
кресло-каталка
فریکچر
перелом

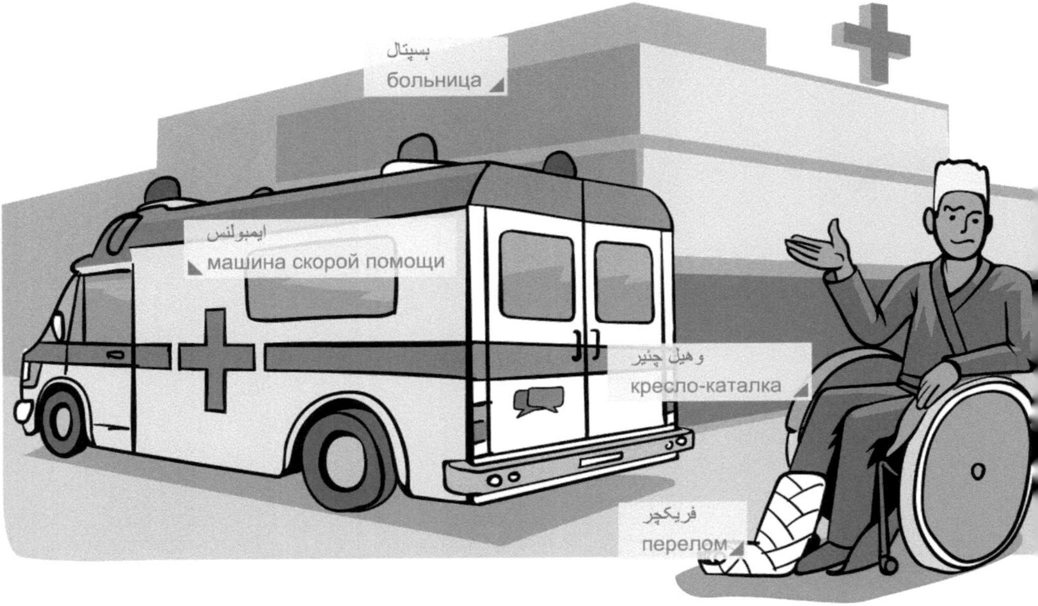

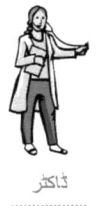

ڈاکٹر

врач

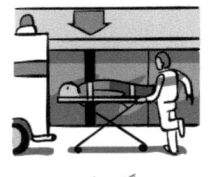

ہنگامی کمرہ

пункт первой помощи

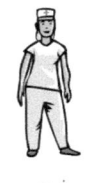

نرس

медсестра

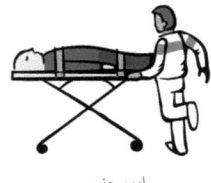

ایمرجنسی

неотложный случай

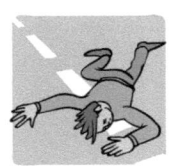

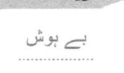

بے ہوش

без сознания

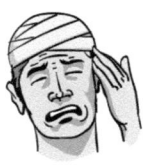

درد

боль

سٹ

повреждение

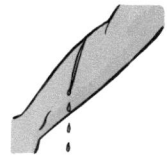

خون نکلنا

кровотечение

دل نا دوره

инфаркт

فالج

инсульт

الرجی

аллергия

کهنگ

кашель

تپ

вышенная температура

نزلہ

грипп

اسہال

понос

سر درد

головная боль

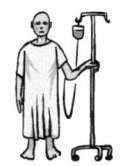

کینسر

рак

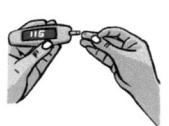

شوگر(ذیابطس)

диабет

سرجن

хирург

سکیلیپل

скальпель

آپریشن

операция

سی ٹی

КТ

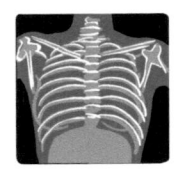

ایکسرے

рентген

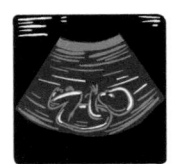

الٹرا ساؤنڈ

ультразвук

چہرہ نا ماسک

маска

بماری

болезнь

انتظار گاہ

приёмная

بیساکھی

костыль

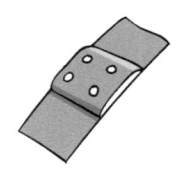

پلستر

пластырь

پٹی

бинт

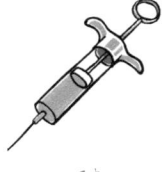

ٹیکہ

укол

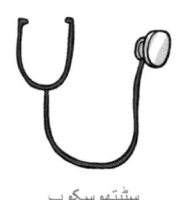

سٹیتھوسکوپ

стетоскоп

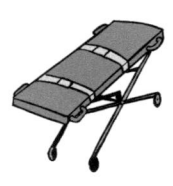

اسٹریچر

носилки

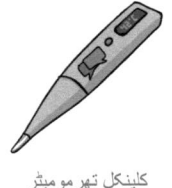

کلینکل تھرمومیٹر

термометр

پیدائش

рождение

زائدالوزن

избыточный вес

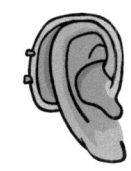

سنن لنی آله

....

слуховой аппарат

جراثیم کش

....

дезинфекционное
средство

متعدی مرض

....

инфекция

وائرس

....

вирус

HIV/AIDS

....

ВИЧ / СПИД

دوائی

....

лекарство

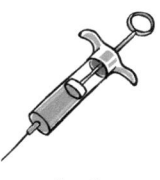

ویکسینیشن

....

прививка

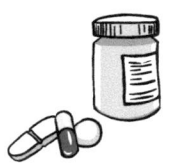

گولیاں

....

таблетки

گولی

....

противозачаточная
таблетка

بنگامی کال

....

экстренный вызов

بلڈ پریشر مانیٹر

....

прибор для измерения
кровяного давления

بیمار / صحتمند

....

больной / здоровый

مدد!

Помогите!

الارم

сигнал тревоги

حمله

нападение

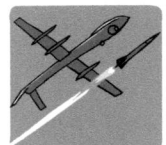

حمله

атака

خطره

опасность

بنگامی اخراج

запасной выход

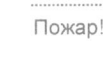

آگ!

Пожар!

اگ بجاهن والا آله

огнетушитель

حادثہ

несчастный случай

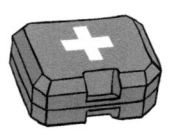

فرسٹ ایڈ کٹ

аптечка

SOS

SOS

پلس

милиция

يورپ
....

Европа

شمالی امریکه
....

Северная Америка

جنوبی امریکه
....

Южная Америка

افريقه
....

Африка

ايشياء
....

Азия

آستريليا
....

Австралия

اتلانتک
....

Атлантический океан

پيسيفک
....

Тихий океан

بحيره بند
....

Индийский океан

بهيره انتاركتک
....

Антарктический океан

بهيره آركتيک
....

Северный Ледовитый
океан

قطب شمالی
....

Северный полюс

قطب جنوبی

Южный полюс

انٹارکٹیکا

Антарктика

زمین

земля

خشکی

суша

سمندر

море

جزیرہ

остров

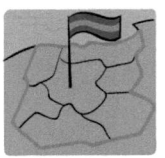

قوم

нация

ریاست

государство

كلاک فيس

циферблат

نكى سونى

часовая стрелка

وڈى سونى

минутная стрелка

سيكنڈ بينڈ

секундная стрелка

كى ٹائم ہو يا اے؟

Который час?

دن

день

وقت

время

ہون

сейчас

ڈیجیٹل گھڑی

электронные часы

منٹ

минута

گھنٹہ

час

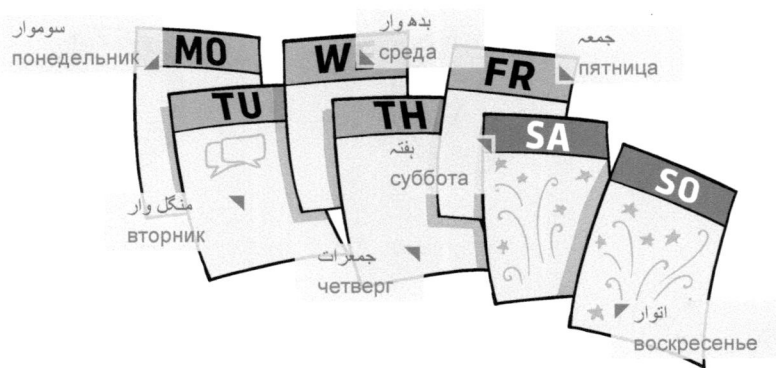

<table>
<tr><td>سوموار
понедельник</td><td>بدھوار
среда</td><td>جمعہ
пятница</td></tr>
<tr><td>منگل وار
вторник</td><td>هفته
суббота</td><td></td></tr>
<tr><td>جمعرات
четверг</td><td>اتوار
воскресенье</td><td></td></tr>
</table>

کل
....
вчера

اج
....
сегодня

کل
....
завтра

سویر
....
утро

دوپہر
....
полдень

شام
....
вечер

MO	TU	WE	TH	FR	SA	SU
1	2	3	4	5	6	7
8	9	10	11	12	13	14
15	16	17	18	19	20	21
22	23	24	25	26	27	28
29	30	31	1	2	3	4

کاروباری دن
....
рабочие дни

MO	TU	WE	TH	FR	SA	SU
1	2	3	4	5	6	7
8	9	10	11	12	13	14
15	16	17	18	19	20	21
22	23	24	25	26	27	28
29	30	31	1	2	3	4

ویک اینڈ
....
выходные

سال

год

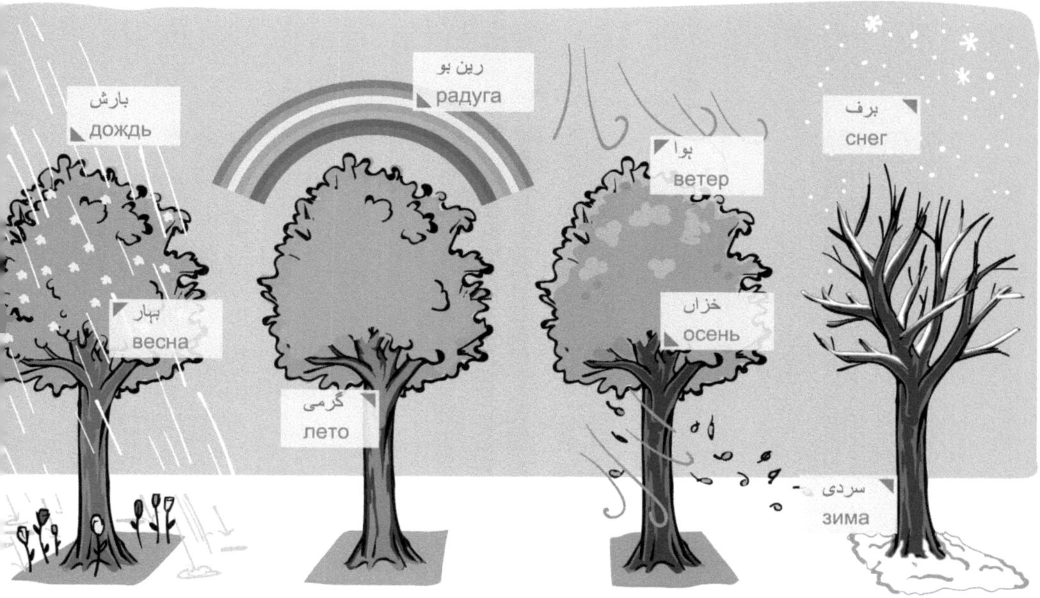

بارش
дождь
رین بو
радуга
برف
снег
ہوا
ветер
بہار
весна
خزاں
осень
گرمی
лето
سردی
зима

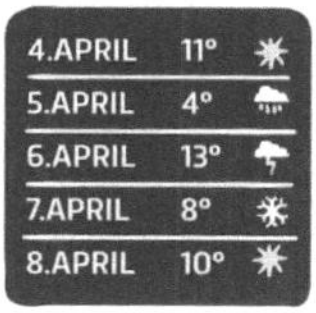

4.APRIL 11°
5.APRIL 4°
6.APRIL 13°
7.APRIL 8°
8.APRIL 10°

موسمی پیشگوئی

прогноз погоды

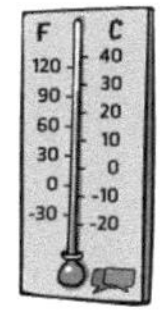

F
C
120
90
60
30
0
-30
40
30
20
10
0
-10
-20

تھرمامیٹر

термометр

سورج نے چمک

солнечный свет

بدل

туча

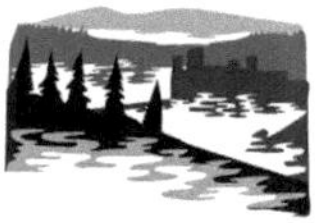

دھند

туман

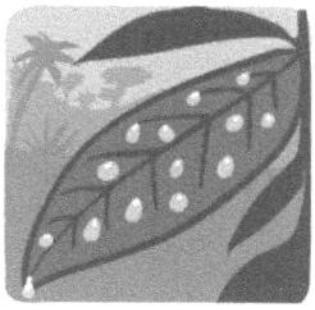

نمی

влажность воздуха

بجلی کڑکنا

молния

گرج

гром

نھیری

буря

اولے

град

ساون

муссон

سیلاب

наводнение

برف

лёд

جنوری

январь

فروری

февраль

مارچ

март

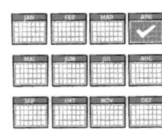

اپریل

апрель

مئی

май

جون

июнь

جولائی

июль

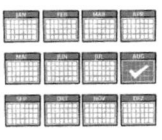

اگست

август

سال - год

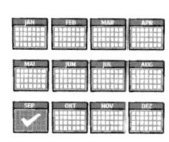

ستمبر

сентябрь

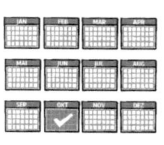

اكتوبر

октябрь

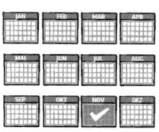

نومبر

ноябрь

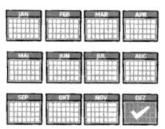

دسمبر

декабрь

شكلاں

формы

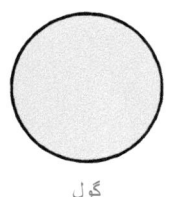

گول

круг

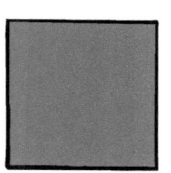

چوکور

квадрат

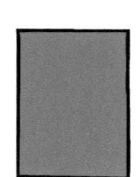

مستطيل

прямоугольник

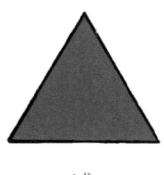

مثلث

треугольник

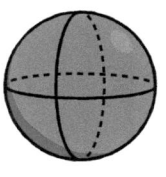

دائره نما

шар

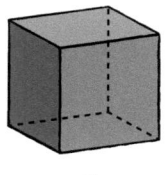

مكعب

куб

رنگ

цвета

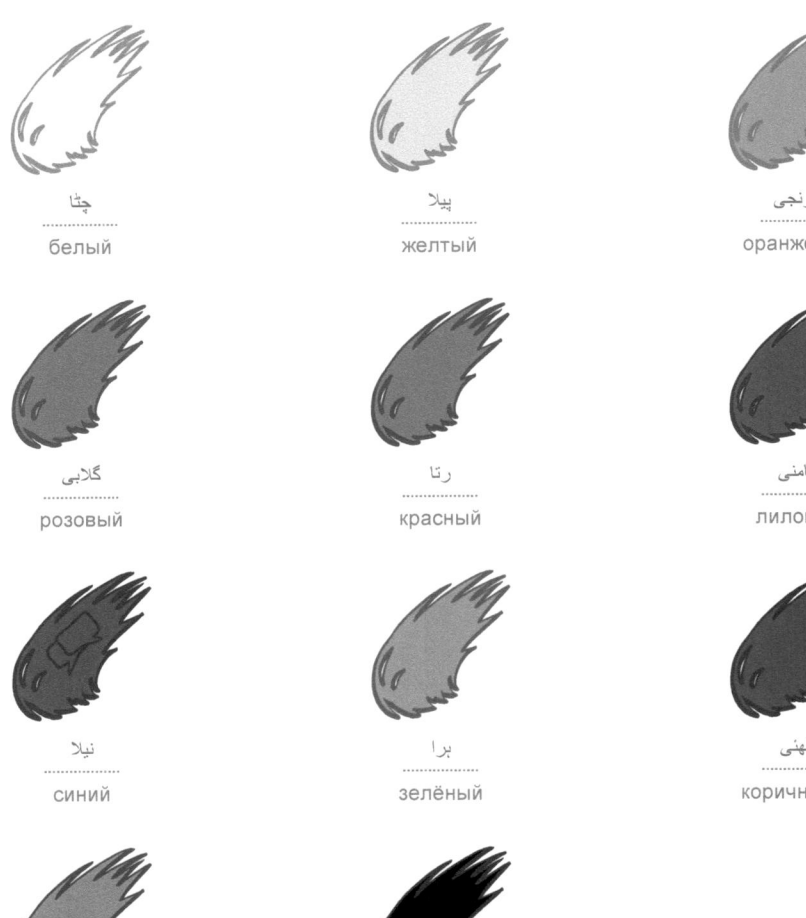

چٹا
белый

پیلا
желтый

نارنجی
оранжевый

گلابی
розовый

رتا
красный

جامنی
лиловый

نیلا
синий

برا
зелёный

کتھنی
коричневый

سرمئی
серый

کالا
черный

противоположности

زیاده / گهٹ

много / мало

ناراض / پرسکون

яростный / мирный

خوبصورت / بدصورت

красивый / уродливый

ابتداء / اختتام

начало / конец

وٹا / نکا

большой / маленький

روشن / نهيرا

светлый / темный

بهرا / بهن

брат / сестра

صاف / گندا

чистый / грязный

مكمل / نا مكمل

полный / неполный

دن / رات

день / ночь

مرده / انده

мёртвый / живой

چوڑا / تتگ

широкий / узкий

خوردنی / ناقابل خوردنی

съедобный / несъедобный

پھیڑا / چنگا

злой / дружелюбный

خوش / ناخوش

взволнованный /
скучающий

موٹا / پتلا

толстый / худой

پہلا / آخری

сначала / в конце

دوست / دشمن

друг / враг

بھریا / خالی

полный / пустой

سخت / نرم

твёрдый / мягкий

بھاری / ہلکا

тяжёлый / легкий

بھوک / پیاس

голод / жажда

بیمار / صحتمند

больной / здоровый

قانونی / غیر قانونی

незаконный / законный

ذہین / بیوقوف

умный / глупый

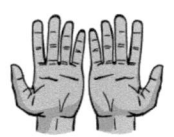

کھبا / سجا

слева / справа

کولے / دور

близко / далеко

نواں / پرانا

نووый / подержанный

کجھ نئیں / سب کجھ

ничто / нечто

بڈّھا / جوان

старый / молодой

کھولنا / بند کرنا

включено / выключено

کھولنا / بند کرنا

открыто / закрыто

خاموشی / شور

тихо / громко

امیر / غریب

богатый / бедный

درست / غلط

правильный /
неправильный

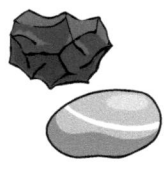

کھردرا / ہموار

шероховатый / гладкий

افسردہ / خوش

чальный / счастливый

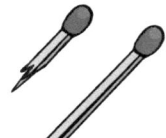

نکا / لما

короткий / длинный

آہستہ / تیز

медленный / быстрый

گیلا / خشک

мокрый / сухой

گرم / ٹھنڈا

тёплый / прохладный

جنگ / امن

война / мир

цифры

0	**1**	**2**
صفر	اک	دو
ноль	один	два
3	**4**	**5**
تن	چار	پنج
три	четыре	пять
6	**7**	**8**
چه	ست	اٹھ
шесть	семь	восемь
9	**10**	**11**
نو	دس	یاران
девять	десять	одиннадцать

12

باراں

двенадцать

13

تیراں

тринадцать

14

چودہ

четырнадцать

15

پندرہ

пятнадцать

16

سولہ

шестнадцать

17

ستاراں

семнадцать

18

اٹھاراں

восемнадцать

19

انیہ

девятнадцать

20

وی

двадцать

100

سو

сто

1.000

ہزار

тысяча

1.000.000

ملین

миллион

انگریزی

английский

امریکی انگریزی

американский английский

چینی مینڈیرین

мандаринский китайский

ہندی

хинди

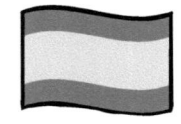

سپینش

испанский

فرینچ

французский

عربی

арабский

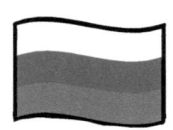

رشین

русский

پرتگالی

португальский

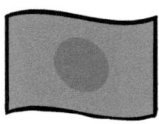

بنگالی

бенгальский

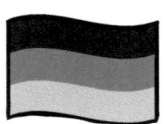

جرمن

немецкий

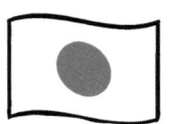

جاپانی

японский

میں
....
я

توں
....
ты

♂ ♀ ○

وہ/اوہ/ایہہ
....
он / она / оно

أسيں
....
мы

توں
....
вы

او
....
они

کون؟
....
кто?

کی؟
....
что?

کیوں؟
....
как?

کتھے؟
....
где?

کدوں؟
....
когда?

ناں
....
имя

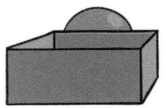

پچھے

за

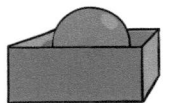

وچ

в

سامنے نے

перед

تے

над

تے

на

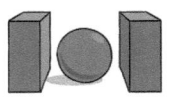

بیٹھ

под

سوا

рядом

مابین

между

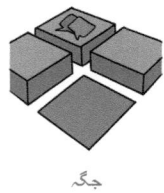

جگہ

место